トルコ語と
現代ウイグル語の
音韻レキシコン

菅沼健太郎
Kentaro Suganuma

九州大学出版会

はじめに

言語学，特にNoam Chomskyによって提唱された生成文法理論においては，我々の脳内には語彙の発音，品詞，意味といった情報を蓄えておく辞書のようなものがあると考えられてきた。この辞書はレキシコン（心的辞書）と呼ばれる。本書は，語彙間の音韻論的な差異に着目し，そこから，このレキシコンと呼ばれる部門の構造について論じたものである。

同一言語に属する語彙の間には音韻論的な差異がみられることがある。それは例えば以下のようなものである。

(i)	さる（猿）	やま**ざ**る，*やま**さ**る
	/**s**aru/	jama-**z**aru, *jama-**s**aru
	たより（便り）	たび**だ**より，*たび**た**より
	/**t**ajori/	tabi-**d**ajori, *tabi-**t**ajori
(ii)	しけん（試験）	司法**し**けん，*司法**じ**けん
	/**s**ikeN/	ʃiho:-**ʃ**ikeɴ, *ʃiho:-**ʒ**ikeɴ
	タクシー	観光**タ**クシー，*観光**ダ**クシー
	/**t**akusii/	kaŋko:-**t**akuʃi:, *kaŋko:-**d**akuʃi:

*は当該の形式が不適格であることを表す。

(i) と (ii) に挙げた語彙は全て日本語の語彙であるが，(i) と (ii) の間では音韻論的な差異がみられる。(i) の語彙はほかの語と組み合わせてさらに大きな語（複合語）にした際に，初頭子音が無声音から有声音になる。このような初頭子音の有声化は連濁と呼ばれているが，連濁は (i) でみられる一方で，(ii) ではみられない。すなわち，日本語では連濁という現象がみられるかみられないかという点で，語彙間に音韻論的な差異がみられるのである。

先行研究（McCawley 1968, Itô and Mester 1995a, 1995b, 1999 など）では，（i）と（ii）のような語彙間の音韻論的差異がみられるのは，語彙がレキシコンにおいていくつかのグループに分かれており，どの音韻規則が適用され，どの音韻規則が適用されないのかが語彙グループ間で異なるためであると考えられている。先の（i）と（ii）であれば，下の（iii）のように，（i）と（ii）はそれぞれ異なる語彙グループに属しており，連濁を引き起こす規則（連濁規則）は（i）が属する語彙グループにのみ適用されると考えるのである。

（iii）

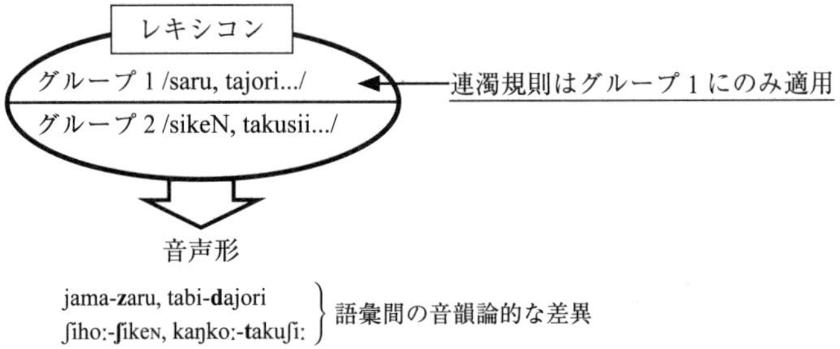

このような語彙間の音韻論的差異に着目しつつ，語彙がいくつのグループに分かれているのかを明らかにすることは，音韻論的な側面からみたレキシコン，すなわち音韻レキシコンの構造を明らかにすることになる（以下では音韻レキシコンのことを単にレキシコンと記すことにする）。

語彙間の音韻論的差異とレキシコンの構造に関する研究の中で，近年注目されている Itô and Mester（1995a, 1995b, 1999）は，普遍的なレキシコンの構造として，（iv）の「核と周辺」構造を提案する。また，彼らは，レキシコンの構造に関して下の（v）に示す仮定をする。

(iv)「核と周辺」構造

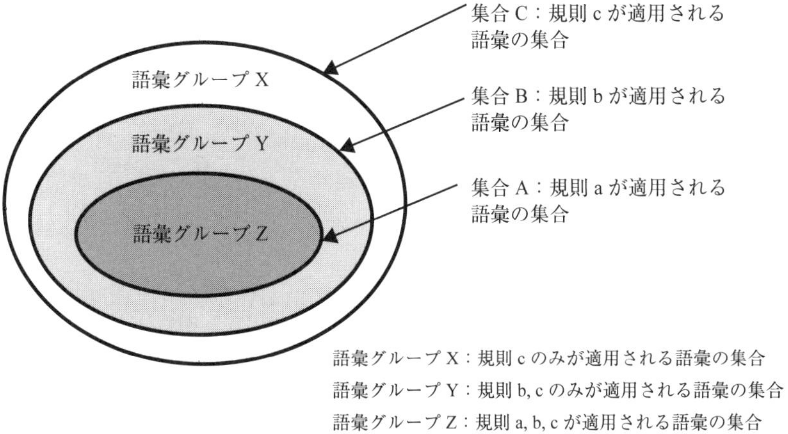

(v) a. レキシコン内の全ての語彙の集合は，包含関係にあり，(iv) のような同心円を形成する。

b. 音韻論的差異は，語彙の「もとの形を維持しようとする力」の強弱により生じる。

例：/takusii/“タクシー”はその力が強く，複合語でも初頭の /t/ が維持される。

c. 語彙グループの中には，当該言語の全ての規則が適用される語彙グループが 1 つ存在する。

Itô and Mester（1995a, 1995b, 1999）の理論は日本語以外の様々な言語を対象とした研究でも採用されているが，彼らの理論の妥当性を批判的に検証した研究は少ない。また，「核と周辺」構造しかレキシコンの構造としてあり得ないのか，他の構造もあり得るとしたら，どのような構造があり得るのかが明らかではない。これを明らかにすることはレキシコンの普遍的特徴を明らかにすることにつながる。

そのため，本書では以下のことに取り組んだ。まず，Itô and Mester（1995a, 1995b, 1999）の理論の妥当性を検証するため，トルコ語と現代ウイグル語を対象として，それぞれでみられる音韻論的現象を記述する規則を提案し，両言語のレキシコンの構造を明らかにした。次に，トルコ語と現代ウイグル語，及び先行研究で提案された日本語と韓国語のレキシコンの構造を対照し，4言語間の共通点を明らかにした。そして，その共通点から，レキシコンの普遍的な特徴に関する仮説を提案した。

以下本書の構成を示す。第1章では，研究の目的について述べた。第2章ではItô and Mester（1995a, 1995b, 1999）の理論を紹介した。第3章ではトルコ語，第4章では現代ウイグル語の分析を行い，下の（vi）aと（vi）bに示すレキシコンの構造を明らかにした。

（vi) a. トルコ語のレキシコンの構造

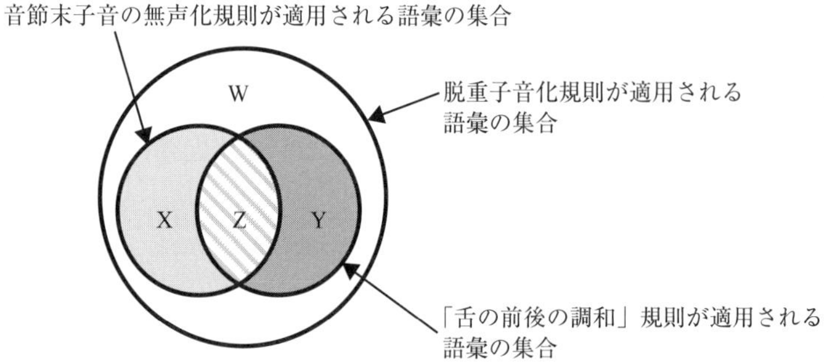

b. 現代ウイグル語のレキシコンの構造

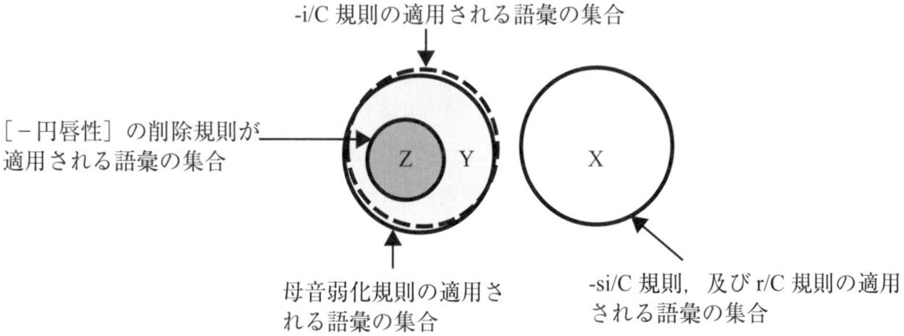

※（vi) a, b 中の X，Y，Z などは語彙グループを示す

第5章では，Itô and Mester（1995a, 1995b, 1999）の仮定する上の（v）a-c がトルコ語と現代ウイグル語に当てはまるかどうかを検証した。上の（vi）a, b に示すように，トルコ語のレキシコンの構造も，現代ウイグル語のレキシコンの構造も，上の（iv）のような，「全ての語彙の集合が包含関係にあり，同心円を形成するような構造」になっていない。このことから（v）a が両言語に当てはまらないことがわかる。この他に，（v）b, c についても当てはまらない部分があることを第5章では明らかにした。

第5章ではまた，トルコ語，現代ウイグル語，日本語，韓国語のレキシコンの構造を対照し，4言語間の共通点を明らかにし，レキシコンの普遍的な特徴に関する仮説として（vii）を提案した。

（vii） a. レキシコンには，「最も多くの規則が適用される語彙グループ」が1つだけ存在する。

例：(iv)，（vi）a，（vi）b では，語彙グループZにのみ3つの規則が適用される，それ以外の語彙グループでは2つ，あるいは1つの規則が適用されている。

b. レキシコンは，語彙の集合間のどこかに包含関係がみられる構造をもつ。

第6章ではまとめを行うとともに，今後の課題を述べた。

目　次

略語表

1	1 人称（first person）
2	2 人称（second person）
3	3 人称（third person）
abl	奪格（ablative）
acc	対格（accusative）
aor	アオリスト（aorist）
caus	使役（causative）
cond	条件（conditional）
dat	与格（dative）
fut	未来（future）
gen	属格（genitive）
ger	動名詞（gerund）
imp	命令（imperative）
loc	位格（locative）
neg	否定（negative）
opt	希求（optative）
pass	受身（passive）
past	過去（past）
pers	人称接尾辞（personal suffix）
perf	完了（perfective）
pl	複数（plural）
poss	所有接尾辞（possessive suffix）
pres	現在（present）
sg	単数（singular）
ア	アラビア語
イ	イタリア語
フ	フランス語
ペ	ペルシア語
ロ	ロシア語
英	英語
中	中国語

用語と表記に関する注意点

i. 語例，表，図においては，音声表記を示す際に基本的に [ ] を省略する（一部表記する部分もある）。文中においては，[ ] を用いる。なお，形態素境界は音声として具現化するわけではないので，音声表記に書き表すべきではないが，本書では，説明の便のため書き表すことがある。

ii. 語例，表，図に関する注記はそれらの下に※をつけて記す。ただ，注記に多くの行を費やすなどの場合には，ページ下の脚注に記す。

iii. 本書では語例について，先行研究内のものを引用した場合，その語例の右下に引用元を付す。逆に，引用元がないものは全て筆者自身の調査によって得られたものである（先行研究のデータを筆者が再調査したものも含む）。

iv. 本書の「レキシコンの構造」とは，「音韻論的にみたレキシコンの構造」，すなわち「音韻レキシコンの構造」を指す。

第1章
序　論

1.1. 研究の背景

一言語内にみられる音韻論的現象の中には，ある特定の語彙にのみみられるものが存在する[1]。例えば，日本語には複合語の後部要素の初頭子音が有声化する連濁と呼ばれる現象があるが，これは（1a）に示す語彙にみられる一方で，（1b）の語彙にはみられない。

（1）連濁

a. 連濁する語彙

/saru/“猿”，/tajori/“便り”，/karuta/“かるた”など

/jama-**s**aru/	/tabi-**t**ajori/	/iroha-**k**aruta/
jama-**z**aru	tabi-**d**ajori	iroha-**g**aruta
*jama-**s**aru	*tabi-**t**ajori	*iroha-**k**aruta
“山猿”	“旅便り”	“いろはがるた”

b. 連濁しない語彙

/sikeN/“試験”，/takusii/“タクシー”，/keeki/“ケーキ”など

/sihoo-**s**ikeN/	/kaNkoo-**t**akusii/	/itigo-**k**eeki/
ʃihoː-**ʃ**ikeɴ	kaŋkoː-**t**akuʃiː	itʃigo-**k**eːki
*ʃihoː-**ʒ**ikeɴ	*kaŋkoː-**d**akuʃiː	*itʃigo-**g**eːki
“司法試験”	“観光タクシー	“いちごケーキ”

---

[1] 本書の「語彙」とは，「単語の集合」を指す。

このような語彙間の音韻論的な差異に注目すると，「このような差異を生みだす言語システムの構造はどのようになっているのか？」という疑問が生まれる。日本語以外の言語でもこのような音韻論的な差異がみられることが指摘され，上記の疑問に対する答えをみつける取り組みが行われてきた。

語彙間の音韻論的な差異に関する研究を生成文法の初期の時代から順にたどっていくと，McCawley (1968)，Chomsky and Halle (1968)，Kiparsky (1982)，Itô and Mester (1995a, 1995b, 1999, 2003, 2008)，Ota (2004) などがあげられるが，その多くで共通している仮定は，語彙がレキシコンにおいていくつかのグループに分かれていること，さらにグループ間でどの音韻規則が適用されるかが異なることで，語彙間に差異がみられるとすることである。例えば，連濁を起こす規則を連濁規則と呼ぶならば，日本語の語彙はレキシコンにおいて，下の (2) のように少なくとも 2 つのグループに分かれており，一方にのみ連濁規則が適用され，一方にはそれが適用されない。これにより語彙間の音韻論的な差異が生じると考えるのである。

(2)[2]

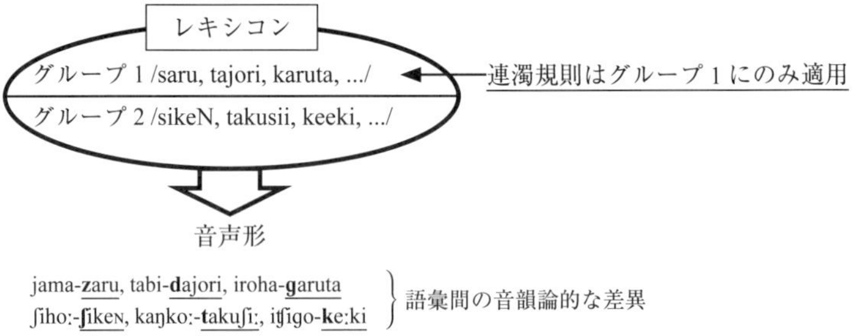

語彙がグループに分かれているという考えが正しいならば，語彙間の音韻論的差異に着目しつつ，語彙がいくつのグループに分かれているのかを明らかにすることは，音韻論的にみたレキシコン（音韻レキシコン）の構造を明らかにすることにつながる。

---

[2] (2) と 4 ページの (3) では連濁という 1 つの現象にのみ着目しているため，2 つの語彙グループが存在する単純なレキシコンの構造を示している。しかし，本書で扱う全ての言語で複数の音韻論的現象に関して語彙間で音韻論的差異がみられるため，各言語のレキシコンはさらに複雑な構造になる。

ところで，そもそもこのような音韻論的差異が生じる原因は何であろうか？　このような差異が生じる原因の一つとして，固有語か借用語かという，語彙の出自の違いがある。出自が異なると，音韻論的にも異なる振舞いを示すということが，上記の一連の先行研究でも述べられてきた[3]。上の（1）で示した連濁も，窪薗（1999）や Itô and Mester（1995b, 2008）で述べられているように，一般に固有語ではみられるが，借用語ではみられない現象なので，出自の違いが音韻論的差異の原因になっているといえる。ただし，（1a）の /karuta/ は，本来はポルトガル語由来の借用語であるが連濁規則が適用される。このように，規則が適用されるかどうかというのは，厳密に語彙の出自に基づいて決まるわけでもないし，出自に基づいてレキシコンで語彙がグループに分かれているわけでもない。言語獲得段階の幼児は全ての語彙の出自を知ることはないが，語彙間に音韻論的差異があることは知ることができる。そのため，幼児は，下の（3）の①から③に示すように，出自ではなく，音韻論的な差異に基づいて語彙をグループに分け，レキシコンに語彙を登録すると考えられる（また，同時に音韻規則も獲得すると考えられる）。他方，産出する際には，レキシコンで形成されている語彙グループの区別に基づいて，各語彙に規則が適用されるかどうかを決定すると考えられる。つまり，レキシコンにおいて，語彙がいくつのグループに分かれているのかを考える際には，出自に着目するのではなく，音韻論的な差異に着目するべきなのである。

---

[3] 正確には Kiparsky（1982）では，そのような言及はない。しかし，Kiparsky（1982）は英語の語彙（特に接辞）を Class 1 と Class 2 という 2 つのグループに分けており，各グループに属する接辞の出自をみると，例外などもあるが，おおむね Class 1 はラテン語系，Class 2 はゲルマン語系に分かれるので，出自の違いが無関係というわけではない。

(3) 語彙グループの獲得の過程

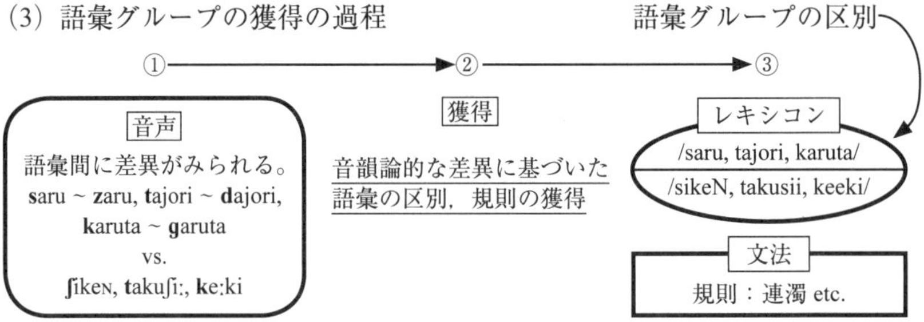

1.2. 先行研究（Itô and Mester 1995a, 1995b, 1999）

語彙間の音韻論的差異とレキシコンの構造に関する研究として，近年注目されているのが，下の（4）に示す Itô and Mester（1995a, 1995b, 1999）の「核と周辺」構造（Core-periphery structure）である。

(4)「核と周辺」構造

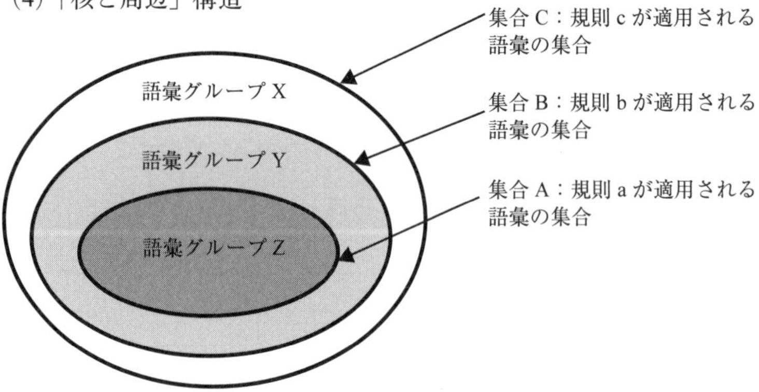

語彙グループ X：規則 c のみが適用される語彙の集合
語彙グループ Y：規則 b, c のみが適用される語彙の集合
語彙グループ Z：規則 a, b, c が適用される語彙の集合

（4）は Itô and Mester（1995a, 1995b, 1999）の提案する「核と周辺」構造を本書で用いる用語を用いて模式的に表したものである。本書の用語と Itô and Mester（1995a, 1995b, 1999）の用語の対応関係を下の（5）と（6）に示す。

(5) Itô and Mester（1995a, 1995b, 1999）は「制約」のみを用いて音韻現象を記述する最適性理論（Optimality Theory, Prince and Smolensky 1993）の枠組みをとるため，「規則」を仮定していないが，本書は「規則」を用いて音韻現象を記述する音韻理論の枠組みをとるため，(4) では「規則」という用語を用いている。

(6)「規則が適用される語彙の集合」と「語彙グループ」という用語は本書で用いる用語である。「規則が適用される語彙の集合」は Itô and Mester（1995a, 1995b, 1999）の「制約の適用範囲（constraint domain）」を言い換えたものであり，「語彙グループ」は Itô and Mester（1995a, 1995b, 1999）の「語彙層（lexical stratum）」を言い換えたものである（これらは単なる用語の言い換えであり，実質的な差はない）。

なお，本書で用いている「規則が適用される語彙の集合」という用語と「語彙グループ」という用語は異なるものを指す。前者は単にある規則が適用される語彙の集合を表すが，後者は，複数の規則の適用・不適用に基づいて規定される語彙の集合である。例えば，(4) の「集合 B：規則 b が適用される語彙の集合」というのは，濃い灰色と薄い灰色の部分全体のことを指す。一方で，「語彙グループ Y」というのは，規則 b, c が適用されるが，規則 a が適用されない語彙の集合である薄い灰色の部分のことのみを指す。

Itô and Mester（1995a, 1995b, 1999）は，普遍的なレキシコンの構造としてこの「核と周辺」構造を提案する。この構造においては，全ての語彙の集合は包含関係にあり，同心円を形成する（$A \subset B \subset C$）[4]。同心円の最も内側（中心）に位置する語彙には当該言語の全ての規則が適用され，外側の語彙ほど規則が適用されなくなる。このような規則の適用・不適用によって語彙グループが規定されると考えるのである。

[4] Itô and Mester（1995b）では同心円を成していない構造も「核と周辺」構造として認めている（この点については第2章の 2.1.1.2. 節でも述べる）。しかし，最も内側（中心）に位置する語彙に当該言語の全ての制約が適用され，外側の語彙の集合ほど制約が適用されなくなること，制約の適用・不適用によって語彙グループが規定されること，の2点を仮定する点では Itô and Mester（1995a, 1999）と共通している。

1.3. Itô and Mester（1995a, 1995b, 1999）の問題点，及び本書の目的

Itô and Mester（1995a, 1995b, 1999），及びそれに続く一連の研究（Itô and Mester 2003, 2008 など）には（7）に示す2つの問題点がある。

（7）a. Itô and Mester（1995a, 1995b, 1999）は日本語を対象とし，「核と周辺」構造を中心とした理論構築を行っているが，日本語以外の言語を対象として彼らの理論の妥当性を批判的に検証した研究が少ない。

b.「核と周辺」構造だけがレキシコンの構造としてあり得るのか，他の構造もあり得るとしたら，どのような構造がレキシコンの構造としてあり得て，どのような構造があり得ないのかが明らかではない。

以下順に詳述する。まず（7a）であるが，Itô and Mester（1995a, 1995b, 1999）の理論は日本語以外の様々な言語を対象とした研究でも広く採用されている。具体的には下の（8）に示すような研究が挙げられる。しかし，これらではItô and Mester（1995a, 1995b, 1999）の理論の妥当性を批判的に検証することはしていない。

（8）	ロシア語	Itô and Mester（1995a）[5]
	スペイン語	菊池（1999）
	ドイツ語	Féry（2003）
	韓国語	Lee（2006）

日本語を対象とした研究ではすでにKawahara, Nishimura and Ono（2003）やKubozono（1997）などで（4）の同心円状の構造を仮定するとうまく捉えられない現象が挙げられており，Itô and Mester（1995a, 1995b, 1999）の理論の問題点が指摘されている（どのような現象なのかについては，第2章の2.2.2. 節

[5] Itô and Mester（1995a）ではHolden（1976）のデータから，ロシア語も「核と周辺」構造をもつことを示しているが，それ以降の研究も含め，理論構築においては日本語を対象言語としている。

で詳述する)。そのため，他の言語においても彼らの理論ではうまく捉えられない現象があってもおかしくはないが，そのような現象があるのかどうかについての研究は Inkelas and Zoll（2007）などを除いてはあまりなされていない。レキシコンの構造の解明のためには，日本語のみならず様々な言語を対象としつつ，Itô and Mester（1995a, 1995b, 1999）の理論の妥当性を検証する必要がある。

次に，（7b）について述べる。この問題を解決するためには，レキシコンの構造について類型論的な研究を行う必要がある。具体的には，まず複数の言語でレキシコンの構造がどのようになっているかを明らかにする。次にそれらを対照し，言語間で共通する特徴を明らかにする。Itô and Mester（1995a）の提案した上の（4）のような「核と周辺」構造は下の（9a）の包含関係があるレキシコンの構造といえるが，他の言語では（9b）の交差関係や（9c）の並列関係があるレキシコンの構造が形成されているかもしれない。

（9）a. 包含関係：規則 a が適用される語彙の集合（集合 A）が，規則 b が適用される語彙の集合（集合 B）の真部分集合である関係
すなわち，A ⊂ B

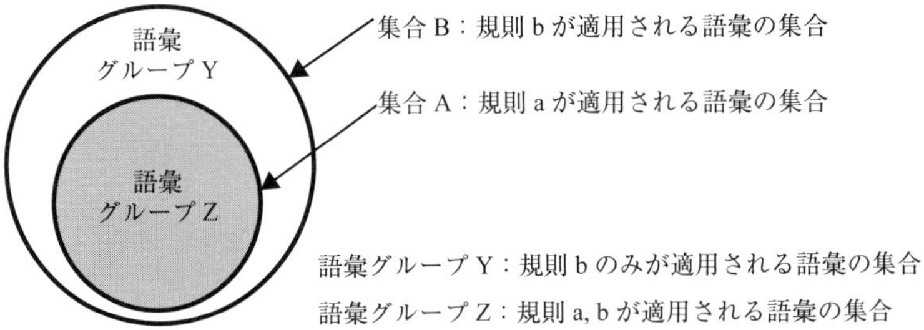

b. 交差関係：規則 a が適用される語彙の集合（集合 A）と，規則 b が適用される語彙の集合（集合 B）に共通部分があるが，包含関係ではない関係
すなわち，A ∩ B が存在する。ただし，A ⊄ B，かつ，A ⊅ B，かつ A ≠ B

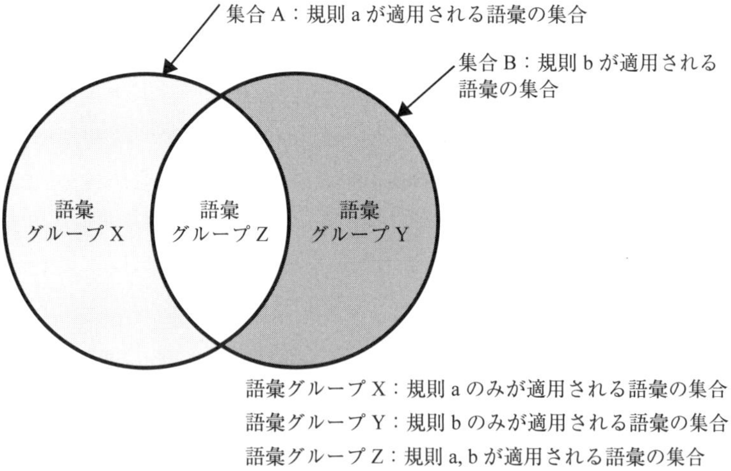

c. 並列関係：規則 a が適用される語彙の集合（集合 A）と，規則 b が適用される語彙の集合（集合 B）に共通部分がない関係
すなわち，$A \cap B = \varnothing$

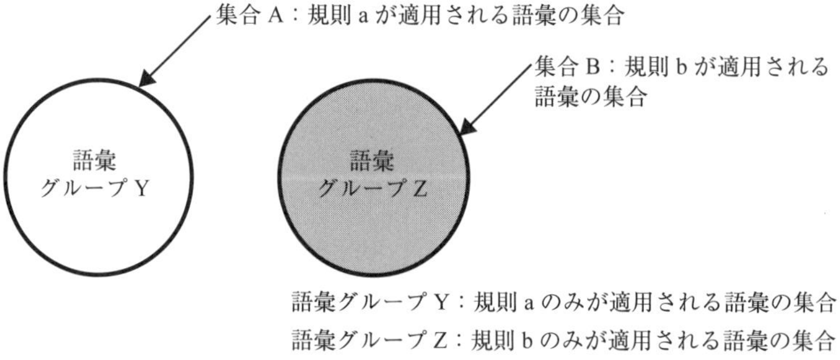

仮に，他の言語においても（9a）の包含関係だけがある構造のみみられるようであれば，包含関係だけがある構造がレキシコンの構造としてあり得る構造であること，及び（9b）の交差関係がある構造や（9c）の並列関係がある構造があり得ない構造であることが示唆される。また，各言語で異なる構造がみられたとしても，その構造間で何らかの共通する特徴があれば，その

特徴をもった構造だけがあり得るレキシコンの構造であること，もたない構造があり得ないレキシコンの構造であることが示唆されるだろう。このような議論を通してレキシコンの構造の類型論的な研究を行うことは，レキシコンがもつ普遍的な特徴を明らかにすることにつながっていくと考えられる。

(7) に挙げた2つの問題点はともに，日本語以外の言語のレキシコンの構造を明らかにすることで解決に近づく。そこで，本書では，トルコ語と現代ウイグル語を対象とする。この2言語を対象とした理由は以下の2点である。

(10)　a. トルコ語と現代ウイグル語が属するチュルク諸語は，下の (11) に示すように，様々な言語から語彙を借用している。そのため，語彙間の音韻論的差異も多様な形でみられることが予測され，語彙グループに関する研究に適している。

b. トルコ語と現代ウイグル語はある程度類似した音韻体系をもつが，トルコ語と現代ウイグル語は，下の (12) に示すように借用元となった言語が異なる部分がある ((12b) に示すように共通する部分もある)。そのため，互いに異なる音韻規則の適用・不適用に基づいて語彙グループが分かれることが予測される。

(11)　チュルク諸語の分布

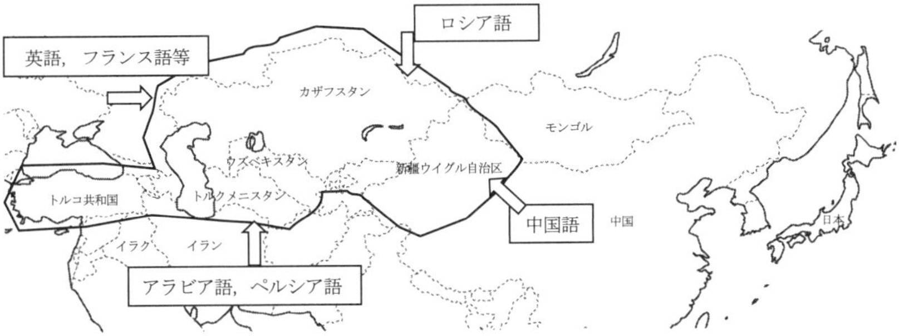

※実線はチュルク諸語が分布する地域を大まかに示している。シベリアなどにもチュルク諸語は存在するが，ここでは省略した。矢印と言語名は当該の言語からチュルク諸語が語彙を借用していることを模式的に示している（他の言語からも借用している）。

(12)

	トルコ語	現代ウイグル語
a. 異なる借用元言語	フランス語，イタリア語，ギリシア語	ロシア語，中国語
b. 共通する借用元言語	アラビア語，ペルシア語，英語	

なお，この2言語に関する先行研究の中には，本書で取り扱う音韻現象に関するものもある。しかし，その現象が，どのような規則により，どのような派生を経て起きるのかについて具体的な議論が行われていない，あるいは語彙間での音韻論的差異がみられることについて指摘がされていないなどの不十分な点がみられる。また，この2言語を対象としてレキシコンの構造を明らかにしようとする研究は管見によればまだ行われていない。本書ではこの2言語を対象として，語彙間の音韻論的な差異に着目した研究を行う。本書の具体的な目的を（13）に示す。

（13） a. トルコ語と現代ウイグル語それぞれにおいて，語彙グループの形成に関与的である音韻論的現象に着目し，その現象を記述する音韻規則を提案する。

b. 提案した諸規則の適用・不適用から，語彙の集合関係を明らかにし，トルコ語と現代ウイグル語それぞれで語彙グループがいくつ存在するのかを明らかにする（すなわちレキシコンの構造を明らかにする）。

c. トルコ語と現代ウイグル語について，Itô and Mester（1995a, 1995b, 1999）の理論の妥当性を検証する。⇒（7a）に関連。

d. トルコ語と現代ウイグル語，及び先行研究で明らかになったレキシコンの構造を対照し，言語間で共通する特徴を明らかにする。さらに，その特徴から，レキシコンの普遍的な特徴を明らかにするための仮説を提案する[6]。⇒（7b）に関連。

[6] 本書では4言語（日本語，韓国語，トルコ語，現代ウイグル語）のレキシコンの構造を対照する。普遍的な特徴を明らかにするためには，さらに多くの言語のレキシコンの構造を対照しなければならないだろう。そのため，本書では仮説を提案するにとどめる。

1.4. 本書の構成

本書は，第1章（本章）から第6章までの，全6章で構成されている。

第1章では，すでに研究の背景と先行研究，及び先行研究の問題点と本書の目的について述べた。第1章では，本節に続けて，本書のデータ提供者（コンサルタント）についての情報を述べ，最後に記述の枠組みについて述べる。

第2章では，まず Itô and Mester（1995a）とそれ以降の一連の研究（Itô and Mester 1995b, 1999）でなされてきた提案がどのようなものであるかを紹介する。また，これらの提案に対して問題点を指摘した先行研究を紹介しながら，本書で，i. どのような音韻論的差異に着目するのか，ii. どのような観点から Itô and Mester（1995a, 1995b, 1999）の理論の妥当性を検証するのかを示す。

第3章と第4章では，上の（13）で挙げた目的のうち，（13a, b）を達成する。

第3章では，トルコ語を対象とする。具体的には，音節末子音の無声化と母音調和に着目する。それぞれの現象を記述する規則を提案し，その規則が適用されない語彙があることを示す。最後に複数の「規則が適用される語彙の集合」の間の関係を明らかにし，トルコ語には4つの語彙グループが存在することを示す。

第4章では，現代ウイグル語を対象とする。具体的には，弱化母音の「唇の調和」とr挿入に着目する。それぞれの現象を記述する規則を提案し，その規則が適用されない語彙があることを示す。最後に複数の「規則が適用される語彙の集合」の間の関係を明らかにし，現代ウイグル語には3つの語彙グループが存在することを示す。

第5章では，上の（13）で挙げた目的のうち，（13c, d）を達成する。まず，トルコ語と現代ウイグル語について，Itô and Mester（1995a, 1995b, 1999）の理論の妥当性を検証する。次にトルコ語と現代ウイグル語，及び先行研究で明らかになったレキシコンの構造を対照し，言語間で共通する特徴を明らかにする。さらに，その共通する特徴から，レキシコンの普遍的な特徴を明らかにするための仮説を提案する。

第6章では本研究のまとめを行うと共に，今後の課題について述べる。また，第 6 章の最後には補遺を設け，そこで最適性理論の枠組みでの記述を若干行う。

1.5. コンサルタントと地域について

本研究のコンサルタントと，調査対象の言語が話されている地域を示す。氏名はイニシャルのみ記す。また，年齢は調査時のものである。

(14) トルコ語
Y. Y. 氏，28 歳，男性，サカルヤ出身，26 歳から広島に在住。

(15)[7] 現代ウイグル語
a. A. B. 氏，45 歳，女性，コルラ出身，33 歳から福岡に在住。
b. Ä. Ä. 氏，26 歳，男性，グルジャ出身，2015 年 3 月まで約 2 年間福岡に在住，現在は東京に在住（本書で用いるデータは氏の福岡在住時に得たものである)。
c. G. M. 氏，27 歳，女性，ウルムチ出身，24 歳から福岡に在住。
d. Ö. Ä. 氏，28 歳，男性，ウルムチ出身，2014 年 9 月まで約 2 年間福岡に在住，現在帰国し，ウルムチに在住（本書で用いるデータは氏の福岡在住時に得たものである)。

(15) に示した話者は全員漢語（いわゆる中国語[8]）と現代ウイグル語のバイリンガル話者であるが，第 1 言語は現代ウイグル語である。なお，現代ウイグル語は一般的にアラビア文字を基礎とした文字で書き表されるが，Ö. Ä. 氏は，その書き言葉にはそれほどなじみがないようである。氏は書き言

---

7 Hahn (1998) によれば，グルジャの位置するイリ地方の方言と，ウルムチの方言は同じ中央グループとよばれるグループに属し，大きな方言間の差はないとされている。A. B. 氏の出身地であるコルラの方言に関する記述はなかったが，調査した限りでは，A. B. 氏から得られたデータと他 3 人から得られたデータの間には大きな差はなかった。

8 各コンサルタントに確認したところ，自身が話す中国語は，いわゆる「普通話」(標準の中国語) だと認識しているとのことであった。

葉として，中国語，あるいは公的なものではないが，ラテンアルファベット文字で書き表される現代ウイグル語に親しんでいるようである。

上の（14）と（15）に示したコンサルタントの出身地を（16）と（17）に示す。出身地を白い丸で表す。また，補足として主要都市を黒い丸で示す。

（16） トルコ共和国

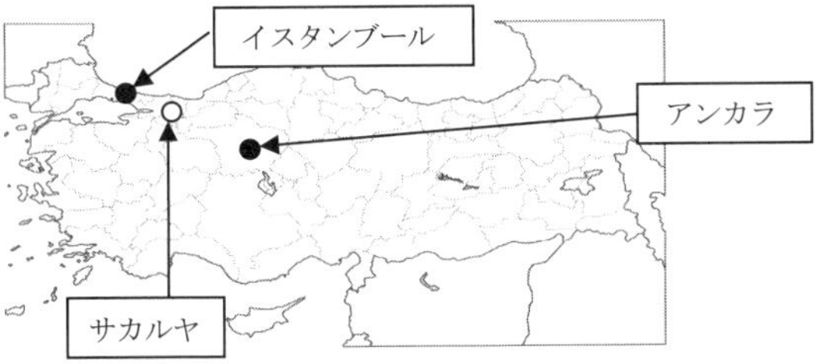

（17） 中華人民共和国

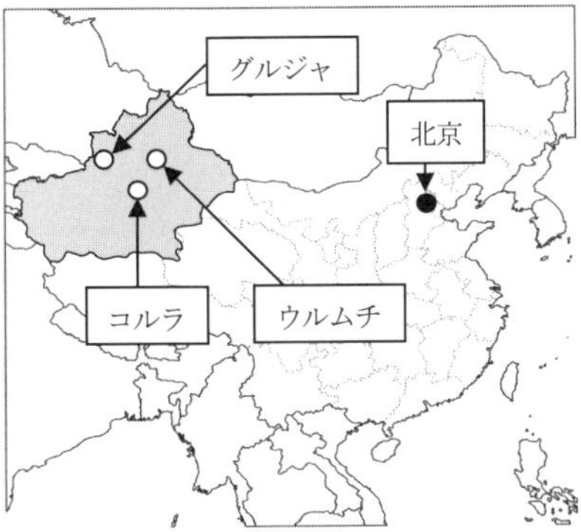

灰色の部分が新疆ウイグル自治区

1.6. 記述の枠組み

本書では，特に子音や母音といった分節音にまつわる現象を取り扱うが，分節音の表示や規則の記述には素性階層（Feature Geometry）を用いる。素性階層というのは Clements（1985）により提案された，分節音の構造を表す理論的な枠組みの1つである。Chomsky and Halle（1968）では分節音は弁別素性の束の集合として捉えられていた。これに対し，弁別素性間には（18）に示すような厳密な階層関係があるとしたのが素性階層である。

素性階層は，どの素性群がどのような階層を成しているかという点で議論が分かれており，様々な研究者により，様々なモデルの素性階層が提案されている。（18）で示したモデルは，Avery and Keren(1989), Sagey(1986), Clements and Hume(1995), Newman(1997), Lahiri(2000), Levi(2001), Kabak（2007）などを参考にし，筆者が提案するものである。（18）の素性階層では，調音点節点の下位に存在する5つの素性，すなわち［唇音性］，［舌頂音性］，［舌背音性］，［高舌性］，［低舌性］は正負の値をもたない。これらは存在するかしないかの2通りしかない。それ以外の素性は正負の値で対立する[9]。

（18）素性階層

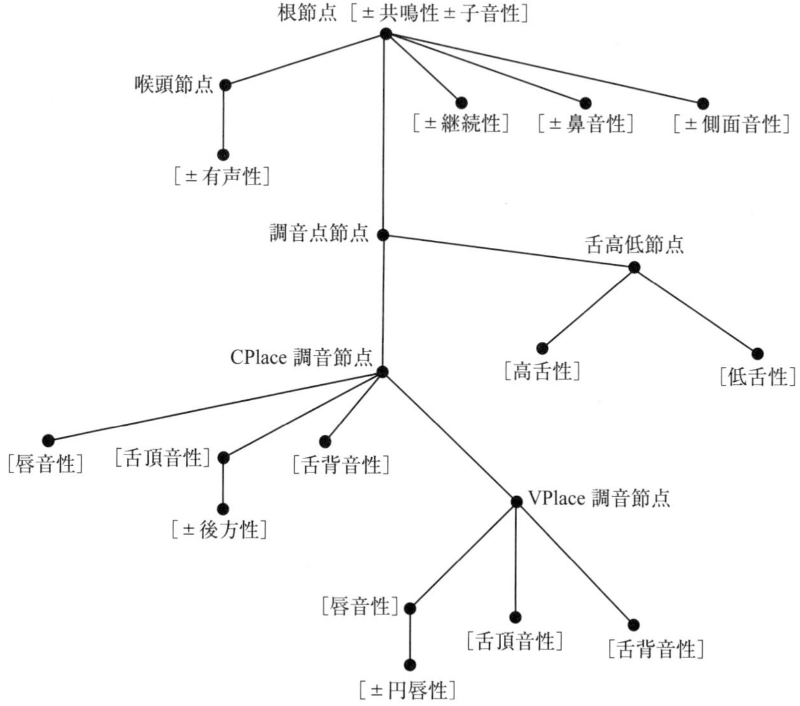

（18）の素性階層では，Clements and Hume（1995），及び Levi（2001）にならい，CPlace 調音節点，VPlace 調音節点という節点を設け，その各々が調音点に関わる素性（［唇音性］，［舌頂音性］，［舌背音性］）をもつと考えている。VPlace 調音節点は CPlace 調音節点の下位に位置する節点で，母音，もしくは硬口蓋化などの副次調音をもつ子音がもつ節点である。一方で，それ以外の分節音，すなわち，副次調音をもたない子音は CPlace 調音節点のみをもつことになる。また，VPlace 調音節点内の［唇音性］は円唇母音と非円唇母音を区別するために下位素性として［±円唇性］をもつ。

また，音韻論においては，規則をベースとした現象記述方法がある一方で，規則を仮定せず，制約のみをベースとした記述を行う最適性理論が存在する。Itô and Mester (1995a, 1995b, 1999) は最適性理論の枠組みをとっているが，本書では，規則ベースの現象記述を行う。ただ，制約を全く仮定しないわけではない。本書では制約も規則も仮定し，制約に違反しないために規則による構造変化が起きると考える。

[9] 現代ウイグル語については，［高舌性］と［低舌性］は正負の値をもつと仮定する。

第2章
先行研究（Itô and Mester 1995a, 1995b, 1999）

本章では，先行研究として Itô and Mester（1995a）以降の一連の研究の紹介を行う。2.1. 節では Itô and Mester(1995a, 1995b, 1999）の理論を概観する。2.2. 節では，Itô and Mester（1995a, 1995b, 1999）の理論に対して問題点を指摘した先行研究を紹介しながら，本書で，i. どのような音韻論的差異に着目するのか，ii. どのような観点から Itô and Mester（1995a, 1995b, 1999）の理論の妥当性を検証するのか，を示す。なお，トルコ語と現代ウイグル語に関する先行研究については，それぞれ，第3章，第4章で紹介する。

2.1. Itô and Mester（1995a, 1995b, 1999）の理論

2.1.1.「核と周辺」構造

ここでは i. Itô and Mester（1995a, 1995b, 1999）とそれ以前の研究の相違点，ii.「核と周辺」構造がもつ特徴について述べる。また，ii. を述べた後に，Itô and Mester（1995a, 1995b, 1999）の枠組みで日本語以外の言語のレキシコンの構造を明らかにした例として Lee（2006）の韓国語の研究を紹介する。

2.1.1.1. Itô and Mester（1995a, 1995b, 1999）とそれ以前の研究の相違点

Itô and Mester（1995a, 1995b, 1999）は，制約（本書の「規則」）の間にみられる含意関係に着目したレキシコンの構造を提案している点でそれ以前の研究と異なる。

Itô and Mester（1995a）は，日本語には下の（19）の制約の適用・不適用に

よって区別される「固有語，漢語，同化外来語（Assimilated Foreign）[1]，非同化外来語（Unassimilated Foreign）」という4つの語彙グループがあるという[2]。

（19） a. *NT：［鼻音＋無声音］という音連続は現れてはならない。
b. *P：[p] は語頭，もしくは母音間に現れてはならない。
c. *DD：有声子音の重子音は現れてはならない。

［Itô and Mester 1995a: 819（3）］[3,4]

また，語彙グループごとの制約の適用・不適用をみると，（20）のようにまとめられ，そこには下の（21）のような含意関係があるという[5]。

（20）

制約 / 語彙グループ	*NT	*P	*DD
固有語	ka**ŋg**ae *ka**ŋk**ae "考え" ka**n-d**a *ka**n-t**a 過去形語尾の "た"	**h**adaka ***p**adaka "裸"	kappa *ka**bb**a "カッパ"
漢語	sa**mp**o "散歩"	**h**atsu-bai ***p**atsu-bai "発売"	hatsu-bai *ha**b-b**ai "発売"
同化外来語	suta**mp**u "スタンプ"	**p**anda "パンダ"	hottodo**kk**u "ホットドック"
非同化外来語	ko**mp**uri:to "コンプリート"	ai**p**addo "アイパッド"	aipa**dd**o "アイパッド"

※網掛けが施されているセルは，当該の制約が不適用であることを示す。

[1] 同化外来語の「同化」というのは，ここでは出自からみた「固有語」と同じ音韻論的振舞いをするようになっていることを表す。

[2] ここでは出自に基づいた名前を語彙グループに付与しているが，これらはあくまでも音韻論的な差異により区別された語彙グループである。

[3] 語彙グループを分けるこれらの制約は全て子音に関するものであるが，潜在的には，子音に限らず，アクセントなどの超分節音的要素に関する制約や，母音に関する制約も語彙グループを分化する要因となりえる。本書ではトルコ語及び現代ウイグル語の分析においては，子音に関する現象以外の現象も扱うこととする。

[4] （19）の制約群の提示順は筆者が変更。また制約の定義も修正したが，制約の本質を損なうものではない。

[5] このような含意関係の存在はすでに Kiparsky（1968）でも指摘されている。

(21)　(20) 中のある語彙グループに，(20) 中のある制約 *x* が適用されないなら，その語彙グループには，その制約より左に表記している制約 *y* も適用されない。しかし，逆は成り立たない。

例えば，非同化外来語に属する語彙には *DD が適用されないのと同時に，*DD の左側の制約である *P と *NT も適用されない。同様に，同化外来語に属する語彙には，*P が適用されないのと同時に，*P の左側の *NT も適用されない。つまり，ある語彙グループに *DD が適用されないということは，その語彙グループには *P も適用されないことを含意し，ある語彙グループに *P が適用されないということはその語彙グループには *NT も適用されないことを含意している。制約の間にはこのような含意関係がみられるのである。

語彙がレキシコンにおいてグループに分かれていることは Itô and Mester (1995a) 以前の研究（例えば McCawley 1968: 62-75 など）でも仮定されていた。しかし，上の (21) に示したような含意関係や，レキシコンがどのような構造を成しているかといったことについては特に言及されていなかった。そのため，下の (22) のように，独立した別個の語彙グループがレキシコンに存在すると仮定することを許していた。

(22)

レキシコン

| 固有語 | 漢語 | 外来語 | オノマトペ |

※　McCawley (1968) では語彙グループではなく形態素クラス (morpheme class) という用語を用いている。また，ここでは，McCawley (1968) が日本語において仮定している4つの語彙グループ「固有語 (Native)，漢語 (Sino-Japanese)，外来語 (Foreign)，オノマトペ (Onomatopoeia)」を例として挙げている。

しかし，この場合，究極的には，固有語には制約 a，b が適用され，漢語には制約 c，d が適用され，外来語には制約 e，f が適用される，というように，個々の語彙グループに全く別々の制約が適用されることを予測してしまう。しかし，実際には，上の (20) でもみたように，制約はいくつかの語彙グループにまたがって適用されたり，上の (21) に示したような含意関係がみられたりする。

制約と語彙グループの間にみられる含意関係に着目して提案されたレキシコンの構造のモデルが，Itô and Mester（1995a）の，「核と周辺」構造である。

（23）「核と周辺」構造

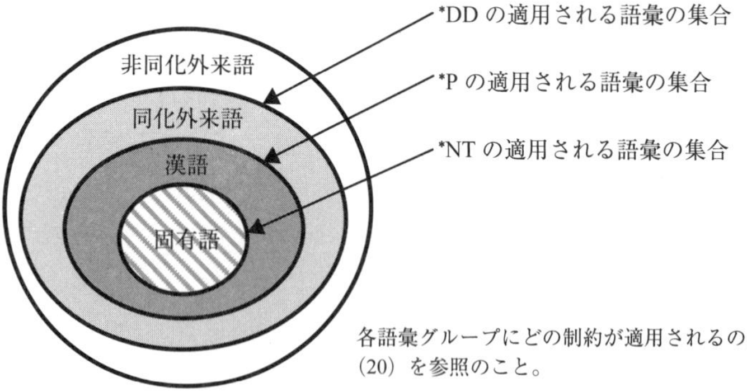

この構造では，各制約の適用される語彙の集合が円で表され，その語彙の集合が包含関係にあり，同心円を形成する[6]。この構造において，上の（20）に示した含意関係は，どの円の外側にあるかという形で捉えられる。例えば非同化外来語は *DD が適用される語彙の集合の外側に位置しているが，これは非同化外来語が *P と *NT の適用される語彙の集合の外側に位置していること（*P と *NT が適用されないこと）を含意する。このようなモデルを仮定すれば，（21）に示した含意関係を捉えつつ，個々の語彙グループに全く別々の制約が適用されることがないことも捉えられる。

2.1.1.2. 「核と周辺」構造がもつ特徴

次に ii.「核と周辺」構造がもつ特徴について述べる。「核と周辺」構造は，「中心の語彙グループには当該言語の全ての制約が適用され，中心から遠い語彙グループほど適用される制約の数が少なくなっていくような構造」をもつ。

[6]（23）の一番外側の円は音節構造制約が適用される語彙の集合を表すが，ここでは省略した。

(24)「核と周辺」構造の基本構造
円の色の濃淡は適用される制約の数の大小を表す。濃い色は数が多いことを，薄い色は数が少ないことを表す。

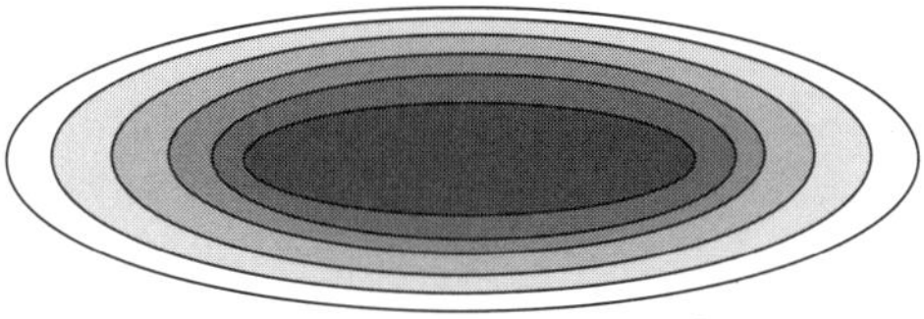

[Itô and Mester 1995b: 824,（9）をもとに筆者が作成]

中心の語彙グループ，すなわち全ての制約が適用される語彙グループが「核」に相当する。一方で，核以外の語彙グループは，「周辺」に相当する。「核」は1つしか存在しない一方で，「周辺」は，どの制約が適用されないのか，制約がいくつ適用されないのか，などによって複数存在しうる。上の（23）でいえば，固有語が「核」に相当し，漢語，同化外来語，非同化外来語が「周辺」に相当する。また，「核と周辺」構造においては，「核」に全ての制約が適用されるわけであるから，「核」に適用されず，かつ「周辺」に適用される制約は存在しない。まとめると，「核と周辺」構造は（25）のような特徴をもつことになる。

(25)「核と周辺」構造の特徴
a. 全ての制約が適用される語彙グループ（核）が1つ存在する。
b. いくつかの制約が適用されない語彙グループ（周辺）が複数存在しうる。
c.「核」に適用されず，かつ「周辺」に適用される制約は存在しない。

上の（23）や（24）では，「核と周辺」構造の例として全ての語彙の集合が包含関係にあり，同心円を形成するような構造を示したが，（25）の特徴をもっている限り，下の（26）のような構造も認められる。

(26)

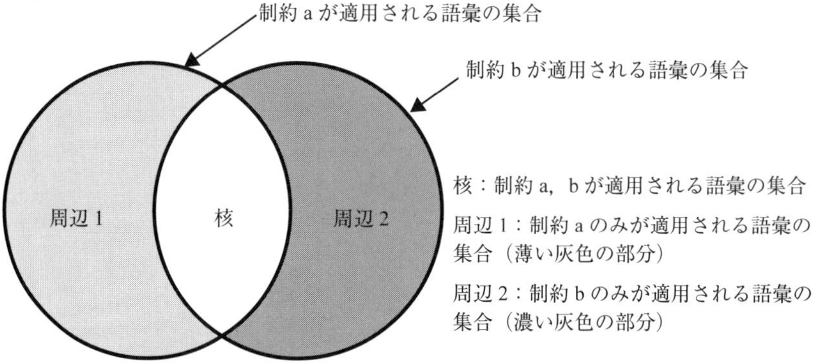

この構造では，2 つの制約それぞれの適用される語彙の集合が，交差関係にあり，その交差した部分に語彙グループ（核）が存在する。この構造も，上の（25）に示した特徴を全て有している。実際，Itô and Mester（1995b）ではこのような構造を「核と周辺」構造として認めている。しかし，Itô and Mester（1995a）や Itô and Mester（1999）で展開されている分析にとっては，このような交差関係がある「核と周辺」構造は都合が悪いものとなる。これについては，2.2.2.1. 節で再び述べることにする。

なお，Itô and Mester（1995a），及びそれ以降の研究では，音韻論的な差異に基づいて語彙をグループに分けているが，ある程度，他の要因も考慮しているようである。例えば，[hottodo**kk**u] は *DD に従っているという点では固有語（あるいは漢語）に分類されている語彙と何ら変わりはない。そのため，固有語あるいは漢語としても問題はないはずであるが，Itô and Mester（1995a）以降の一連の研究では同化外来語とされている。これは，正書法（[hottodok-ku] はカタカナで表記される）などの要因を考慮したためかもしれないが，本書においてトルコ語と現代ウイグル語を分析する際には，音韻論的な観点のみからみていくことにする[7]。

[7] 音韻論的な要因以外の要因が語彙グループの形成に影響を与えるならば，多言語使用状況というのも，影響を与えるかもしれない。例えば，本書のコンサルタントである現代ウイグル語母語話者は中国語も話せるので，どの語彙が中国語からの借用語であるか見当がつくと考えられる。この場合，音韻論的な差異がみられなくとも，中国語からの借用語とそれ以外の語彙を別々の語彙グループに分けているかもしれない。

2.1.1.3. Lee（2006）の「核と周辺」構造

Itô and Mester（1995a, 1995b, 1999）は日本語を対象とした研究であったが，Lee（2006）では，韓国語も，上の（25）に示した特徴をもったレキシコンの構造をもつという。Lee（2006）は韓国語には下の（27）に示す4つの語彙グループがあり，それらは下の（29）に示すように，「核と周辺」構造を形成しているという[8]。

（27）[9] 韓国語の語彙グループ

語彙グループ ＼ 制約	a. 母音融合	b. 硬口蓋化	c. Duɨm-Law
固有語	適用	適用	適用
漢語	不適用	適用	適用
オノマトペ	不適用	不適用	適用
外来語	不適用	不適用	不適用

［Lee 2006: 18, Table 2 を筆者が一部改変］

（27a-c）の例を下の（28a-c）にあげる。

（28）　a. 母音融合

/u+i/ [y]，/o+i/ [ø]，/ɨ+i/ [i]，/ə+i/ [e]，/a+i/ [æ]

固有語には適用される，それ以外の語彙グループには適用されない。

固有語：/ai/ [æ]“子供”，/oi/ [ø]“きゅうり”

b. 硬口蓋化

固有語，漢語には適用される，それ以外の語彙グループには適用されない。（ただし，Lee 2006 によれば，漢語においては t 系列の子音の

---

[8] 日本語同様，ここでは出自に基づいた名前を語彙グループに付与しているが，これらはあくまでも音韻論的な差異により区別された語彙グループである。ただ、オノマトペのように，語彙がもつ意味（オノマトペは音や様態を表す）も考慮されているようである。

[9]（27）では（20）の表と同じ表記になるように，Lee（2006: 18）の Table 2 に変更を加えた。また，Lee（2006: 18）の Table 2 によれば，ウムラウトが固有語と漢語でみられ，母音調和が固有語と漢語とオノマトペでみられ，また全ての語彙グループに音節構造制約が働くようであるが，それらは省略した。

硬口蓋化は起きないという。)

固有語：/ka**t**^{h}-**i**/ [ka**tʃ**^{h}-**i**]　“一緒に”[10]

漢語：/hu**n**-l^{j}ən/ [hu**l**^{j}l^{j}ən]　“訓練”[11]

c. Duɨm-Law　[l, ni, n^{j}] は語頭に現れない。

固有語，漢語，オノマトペには適用される，外来語には適用されない。

固有語：[l, ni, n^{j}] が語頭に現れている例が存在しない。

漢語：/lo-in/ [noin]，*[loin]“老人”

オノマトペ：[l, ni, n^{j}] が語頭に現れている例が存在しない。

［(28a-c) それぞれ Lee 2006: 19-20, Table 4, 5, 6 より一部抜粋，表記を一部変更］

(29)[12] 韓国語における「核と周辺」構造

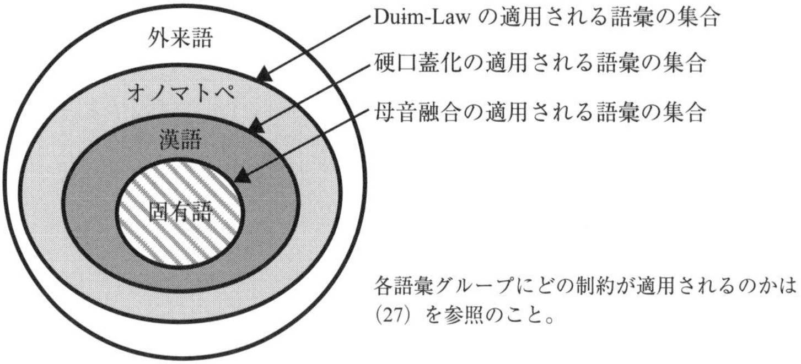

この韓国語の「核と周辺」構造については，第 5 章で再び取り上げる[13]。

以下の 2.1.2. 節では，特に Itô and Mester (1999) に着目し，語彙間の音韻論的差異がどのように生じると考えられているのかを述べる。

---

[10] Lee (2006) では /kat^{h}i/ のように形態素境界を示していなかったが，ここでは示した（硬口蓋化は形態素境界が子音と母音の間にあるときにみられる)。また、/t, t^{h}, t^{ʔ}/ は硬口蓋化する際，日本語同様破擦音化する。

[11] /hun/ の /n/ は後続する /l/ に同化する。

[12] (29) の一番外側の円は音節構造制約が適用される語彙の集合を表すが，ここではそれは省略した。

[13] なお，上の (8) では韓国語以外の研究もあげたが，それらでも「核と周辺」構造は形成されていると考えられる。Itô and Mester (1995a) と菊池 (1999) は，それぞれ対象とした言語で「核と周辺」構造が形成されていることを示している。Féry (2003) のドイツ語の研究では，「核と周辺」構造は示されていないものの，後述の (30) のようなランキングによって音韻論的差異が捉えられていることから，ドイツ語でも「核と周辺」構造が形成されていると考えられる。

2.1.2. 忠実性の原理

Itô and Mester（1999）では違反可能な制約のランキングによって音韻論的現象を記述する最適性理論の枠組みを採用している。最適性理論における音韻論的制約には，ある構造が出力（音声形）に出現することを認めない「有標性制約」と，入力（基底形）と出力が同一であることを求める「忠実性制約」の2種類がある。Itô and Mester（1999）では，Fukazawa（1998），及びFukazawa, Kitahara and Ota（1998）の提案するように，複数の忠実性制約を仮定し，それぞれがどの語彙グループに適用されるか指定をもっていると仮定する。さらに，各忠実性制約が，有標性制約と交互にランキングされるような，以下のランキングを仮定する。

(30)[14] $\text{FAITH}_{\text{UF (=Unassimilated Foreign)}}$>>*DD>>$\text{FAITH}_{\text{AF (=Assimilated Foreign)}}$ >>
*P >> $\text{FAITH}_{\text{SJ (=Sino Japanese)}}$>>*NT>>$\text{FAITH}_{\text{N (=Native)}}$

(30) に示すFAITHというのが，忠実性制約にあたり，概略「入力と出力は同一でなければならない」とする制約である[15]。これらはUF，AFのように，指標をもち，有標性制約（*DD, *P, *NT）と交互に現れる形でランキングされている。Itô and Mester（1999）はどの指標をもった忠実性制約がどの位置にランキングしているかは，「核と周辺」構造にみられる包含関係に従って決まるという。具体的には，より内側に位置する語彙グループの忠実性制約ほど下位に位置し，より外側に位置する語彙グループの忠実性制約ほど上位に位置する。例えば，「核と周辺」構造において最も内側に位置する語彙グループである固有語に対する忠実性制約（FAITH_{N}）はランキング中，最も下位に位置する。他方，「核と周辺」構造において最も外側に位置する語彙

[14] (30) ではFAITH_{UF}がランキングの最上位に位置しているが，Itô and Mester（1999）では，これより上位に音節構造制約（SYLLABLE STRUCTURE）が位置すると仮定する。この制約は全ての語彙グループに適用される。また，忠実性制約によって音韻論的差異が生じるという考えはItô and Mester（1995a）でもなされていたが，本節ではItô and Mester（1995a）からさらに理論的発展を遂げたItô and Mester（1999）の分析に着目する。

[15] Itô and Mester（1999）では，これらの忠実性制約にFAITHではなく，IDENTという名を付与しているが，ここでは，FAITHと表記する。

グループである非同化外来語に対する忠実性制約（FAITH$_{UF}$）はランキング中，最も上位に位置する。

この複数の忠実性制約が語彙グループ間の音韻論的な差異を生じさせると彼らは考える。同化外来語から固有語までの間にみられる差異を例にとると，具体的には下の（31）のような出力の評価が行われる。

(31)[16]（30）のランキングを仮定した際の語彙グループごとの評価の違い

		FAITH$_{AF}$	*P	FAITH$_{SJ}$	*NT	FAITH$_{N}$
同化外来語（AF）	☞ **p**anda		*			
例：/**pa**Nda/ “パンダ”	**h**anda	*!				
漢語（SJ）	☞ **h**oko:			*		
例：/**p**o-koo/ “歩行”	**p**oko:		!*			
漢語（SJ）	☞ sa**mp**o				*	
例：/sa**N-p**o/ “散歩”	sa**mb**o			*!		
固有語（N）	☞ ka**nd**a					*
例：/ka**N-t**a/ “噛んだ”	ka**nt**a				*!	

例えば /**pa**Nda/ と /**po**-koo/ はどちらも語頭に /p/ をもつが，/**pa**Nda/ は同化外来語なので，FAITH$_{AF}$>>*P というランキングにより，*P には違反しているものの，語頭の /p/ を維持している [**p**anda] が最適な出力となる。一方で，/**po**-koo/ は漢語なので，*P>>FAITH$_{SJ}$ というランキングにより，FAITH$_{SJ}$ には違反しているものの，/p/ が出力に現れていない [**h**oko:] が最適な出力となる。同様に /sa**N-po**/ と /ka**N-ta**/ はどちらも鼻音の後ろに無声音をもつが，/sa**N-po**/ は漢語なので，FAITH$_{SJ}$>>*NT というランキングにより，*NT には違反し

[16]（31）の表の見方をここで説明する。左端の列には各語彙の入力（基底形）を記している。また左から2番目の列には入力から生成されうる候補群のうち，ここでの議論に関与的なものを記している。候補群は制約のランキングによって評価をうけ，相対的に最も違反が少なかった候補が最適な出力（音声形）として選ばれる。☞はその出力が最適なものであることを，！は当該の候補が制約違反により最適な出力とはみなされなくなったことを表す。網掛けはすでにより上位の制約により，最適な出力が選ばれていることを表す。なお，ここでは，McCawley（1968）にならい，/p/ との交替がみられる /h/ の基底形は /p/ であると仮定している（例：/po-koo/ “歩行”）。

ているものの，無声音を維持している [sa**mp**o] が最適な出力となる。一方で，/ka**N-t**a/ は固有語なので，*NT>>FAITH$_{N}$ というランキングにより，FAITH$_{N}$ には違反しているものの，鼻音の後に無声音が現れていない [ka**nd**a] が最適な出力となる。

このように忠実性制約により，語彙間の音韻論的な差異が生じるということは，換言すると，語彙がもつ，「もとの音構造を維持しようとする力」の強弱が，音韻論的な差異を生む，ということができる。窪薗（1999: 114-122）では，最適性理論の枠組みによらない形で，忠実性制約により生じる差異をとらえている。窪薗（1999: 114-122）は入力を出力においても維持しようとする原理として「忠実性の原理」を仮定する。さらに忠実性の原理の強弱が語彙グループ間で異なると仮定する。忠実性の原理の働きが強い語彙グループに属する語彙ほど，規則や制約による構造変化を受け付けない。一方で，忠実性の原理の働きが弱い語彙グループに属する語彙ほど，規則や制約による構造変化を受け入れることになる。

(32)

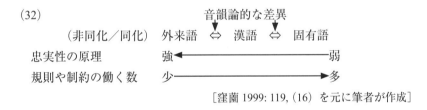

	音韻論的な差異
（非同化／同化）	外来語　⇔　漢語　⇔　固有語
忠実性の原理	強◀────────────弱
規則や制約の働く数	少────────────▶多

［窪薗 1999: 119,（16）を元に筆者が作成］

まとめると，Itô and Mester（1999）（と窪薗 1999: 114-122）は「もとの音構造を維持しようとする力」の差が音韻論的な差異に結び付くと考えているといえる。

2.2. Itô and Mester（1995a, 1995b, 1999）の問題点

上では，Itô and Mester（1995a, 1995b, 1999）の提案した内容を述べた。以下では，これらの提案に対して問題点を指摘した先行研究を紹介し，本書で，i. どのような音韻論的差異に着目するのか，ii. どのような観点から Itô and

Mester（1995a, 1995b, 1999）の理論の妥当性を検証するのか，を示す。

2.2.1. Rice（1997）と Ota（2004）の指摘する問題点

ここでは「どのような音韻論的差異に着目するのか」を示す。

Rice（1997）や Ota（2004）は Itô and Mester（1995a, 1995b, 1999）が挙げてきた音韻論的差異について，それらの差異に基づいた語彙のグループ分けを実際に言語獲得段階の幼児が行っているかどうかという観点から批判している。音韻論的差異には大きく分けて，下の（33）と（34）に示す「形態音韻論的な部分の差異」と，「非形態音韻論的な部分の差異」の 2 つがあると考えられるが，Itô and Mester（1995a, 1995b, 1999）ではこの両方の差異に基づいて語彙がグループに分かれると考えている。

（33）　形態音韻論的な部分の差異　例：連濁

a. 連濁規則が働く。	b. 連濁規則が働かない。
/jama-**s**aru/	/sihoo-**s**ikeN/
jama-**z**aru	ʃihoː-**ʃ**ikeɴ
*jama-**s**aru	*ʃihoː-**ʒ**ikeɴ
“山猿”	“司法試験”

（34）　非形態音韻論的な部分の差異　例：*NT

a. *NT が働く。	b. *NT が働かない。
ka**ŋg**ae	ko**ŋk**uːru
*ka**ŋk**ae	*ko**ŋg**uːru
“考え”	“コンクール”

（33a）の /saru/ と（33b）の /sikeN/ はどちらも複合語の後部要素という点で共通している。しかし，/saru/ にのみ連濁による交替が起き，/sikeN/ では交替が起きない。（33a）と（33b）の差異は連濁という形態音韻論的な交替がみられるかみられないかという差異（異形態が存在するかしないかという差異）なので，本書では（33）を形態音韻論的な部分の差異と呼ぶ。一方で，

（34a）の [ka**ŋg**ae] と（34b）の [ko**ŋk**u:ru] にみられる，*NT が働いているかどうかという差異には形態音韻論的な交替が関わっているとは考えられない。[ka**ŋg**ae] の [g] は基底の段階から /g/ であったと考えられ，*NT が適用されたために，もともと基底の段階では /k/ であったものが [g] になったとは考えにくい。本書では（34）のような形態音韻論的な交替が関わらない部分にみられる差異を非形態音韻論的な部分の差異と呼ぶ。

Rice（1997）と Ota（2004）は（34）のような非形態音韻論的な部分の差異に基づいた語彙のグループ分けが行われているとは考えられないという。続けて，Ota（2004）は上の（33）のような，形態音韻論的な部分の差異にのみ基づいた語彙のグループ分けがレキシコンで行われていると考えるべきだとしている。

（35）　Ota（2004）の考え

a.（34）の非形態音韻論的な部分の差異に基づいた語彙のグループ分け：行われていない（これについては Rice 1997 も同じ考えをもつ）。

b.（33）の形態音韻論的な部分の差異に基づいた語彙のグループ分け：行われている。

Rice（1997）と Ota（2004）が（35a）のように考える理由を説明するために，以下では Rice（1997）で示されている，簡素化された獲得プロセスを示す。具体的には，[ko**mp**^{j}u:ta:] のような，非形態音韻論的な部分に鼻音－無声音という連続をもつ語彙（NT 語彙と呼ぶ）と [ka**ŋg**ae] のような，非形態音韻論的な部分に鼻音－有声音という連続をもつ語彙（ND 語彙と呼ぶ）を獲得する場合に，幼児の文法がどのように形成されていくかを示す。例えば ND 語彙→ NT 語彙という順序で語彙が幼児に提示された場合を考えてみる。Itô and Mester（1995a, 1995b, 1999）の考えが正しければ，ND 語彙が提示された段階で幼児は下の（36a）に示すように，「(獲得しようとしている言語には) *NT という制約が働く」ということを獲得する（あるいは仮説を立てる）。そして次の段階の（36b）で NT 語彙が提示されたときには，*NT という制約を維持し，ND 語彙と NT 語彙を別々の語彙グループに分けることになる。

（36） Itô and Mester（1995a, 1995b, 1999）の考えが正しい（非形態音韻論的な部分の差異にも基づいて語彙のグループ分けが行われる）とした場合の獲得プロセス

	語彙	文法とレキシコンの形成過程
a. 第1段階	ND 語彙	*NT が働くことを獲得
b. 第2段階	NT 語彙	*NT を維持，*NT が適用されるかされないかで語彙をグループに分ける。

結果：*NT は働く。ND 語彙と NT 語彙は別々の語彙グループに属する。

しかし，ここで問題になるのが，獲得プロセスの別の可能性として，下の（37）のように「*NT を破棄する」という選択肢もあり得るということである。ND 語彙が提示された段階では，（37a）に示すように，「*NT という制約が働く」ということを獲得するが，次の段階の（37b）で反例である NT 語彙が提示されるので，*NT を破棄する。つまり，この言語では，（少なくとも非形態音韻論的な部分では）*NT という制約は働かず，ND 語彙と NT 語彙はグループ分けされないということを獲得する可能性がある。つまり，Itô and Mester（1995a, 1995b, 1999）の考える語彙のグループ分けが行われていない可能性があることになる。

（37） 獲得プロセスのもう1つの可能性

	語彙	文法とレキシコンの形成過程
a. 第1段階	ND 語彙	*NT が働くことを獲得
b. 第2段階	NT 語彙	*NT を破棄

結果：*NT は働かない。ND 語彙と NT 語彙はグループ分けされない。

さらに，Rice（1997）では述べられていないが，NT 語彙→ ND 語彙という順序で獲得が起きた場合も考えると Itô and Mester（1995a, 1995b, 1999）の考える語彙のグループ分けが行われていない可能性が大きくなる。なぜなら，NT 語彙を獲得した段階で，幼児は「（少なくとも非形態音韻論的な部

分では）*NT という制約は働かない」ということを獲得すると考えられるためである（(38a)）。

(38)		語彙	文法とレキシコンの形成過程
	a. 第1段階	NT 語彙	*NT は働かない。
	b. 第2段階	ND 語彙	————

結果：*NT は働かない。ND 語彙と NT 語彙はグループ分けされない。

（36）のような獲得が行われていない可能性があるという問題を Itô and Mester（1995a, 1995b, 1999）は抱えているが，これは非形態音韻論的な部分の差異にも依拠して語彙のグループ分けが起きると考えた場合に起きる問題である。Ota（2004）は，例えば下の（39）に示す /-ta/ と /-teki/ のような形態素については，前者に *NT が働き，後者には働かないということが，形態論的な交替がみられるか，みられないかにより獲得することが可能であるため，/-ta/ を *NT が働くグループ，/-teki/ を *NT が働かないグループとする動機付けはあるとしている。

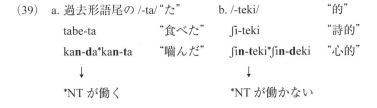

(39)	a. 過去形語尾の /-ta/	“た”	b. /-teki/	“的”
	tabe-ta	“食べた”	ʃi-teki	“詩的”
	ka**n**-**da***ka**n**-**ta**	“噛んだ”	ʃ**in**-teki*ʃ**in**-**d**eki	“心的”
	↓		↓	
	*NT が働く		*NT が働かない	

まとめると，Ota（2004）は形態音韻論的な部分の差異に基づいて語彙のグループ分けが行われるとする点については，Itô and Mester（1995a, 1995b, 1999）と一致しているが，非形態音韻論的な部分の差異については意見を異にしている。上の（37）と（38）をみれば，Rice（1997）と Ota（2004）の主張が正しいようにも見えるが，非形態音韻論的な部分の差異に基づくグループ分けが全く行われていないというのも疑わしい。仮に行われていないとすると，例えば“たちぇーふぁ”[taʧe:ɸa] のような，いかにも借用語らしい（と日本語母語話者が感じるであろう）語を幼児が獲得しても，それが連濁する

かしないかは予測できないことになる。また，Moreton and Amano（1999）や Gelbart（2005）や Gelbart and Kawahara（2007）のように，非形態音韻論的な部分の差異に依拠した語彙のグループ分けが行われていることを示す実験報告もある。

このように，現段階では，どちらの主張が正しいかは，判断しがたい。そこで，本書では，Itô and Mester（1995a, 1995b, 1999）と Ota（2004）の主張の共通点である「形態音韻論的な部分の差異」のみに着目し，トルコ語と現代ウイグル語で語彙グループがいくつ存在するのかを明らかにしていく[17]。

（40） 本書で着目する音韻論的差異：形態音韻論的な部分の差異

本節では，「どのような音韻論的差異に着目するのか」を示した。以下の 2.2.2. 節では，「どのような観点から Itô and Mester（1995a, 1995b, 1999）の理論の妥当性を検証するのか」を示す。

2.2.2. Itô and Mester（1995a, 1995b, 1999）の理論の妥当性を検証する観点

本書では以下の 3 点から，Itô and Mester（1995a, 1995b, 1999）の理論の妥当性を検証する。

（41） a. レキシコン内の全ての語彙の集合は包含関係にあり，同心円を形成しているのか？
b. 忠実性の原理のみによって語彙間で音韻論的差異が生じているのか？

[17] Itô and Mester（1995a, 1995b, 1999）と対立する考えを提案する研究として Inkelas, Orgun and Zoll（1997）がある。Inkelas, Orgun and Zoll（1997）は，そもそも語彙はレキシコンにおいてグループ分けされていないと考える。Inkelas, Orgun and Zoll（1997）の立場では，語彙間の差異は基底構造の違いに還元される。例えば連濁する語彙の初頭子音は有声性が未指定になっており，連濁しない語彙の初頭子音は［－有声性］が指定されていると考える（例：/Kasa/“傘”/kamera/“カメラ”）。この考えでも音韻論的な差異を捉えることができるが，説明可能な現象が非常に狭いという問題点がある。例えば，第 4 章の現代ウイグル語の r 挿入はそれがみられるかどうかで語彙間に差異がみられるが，挿入というのは基底構造にないものを加える操作なので，そのような操作が行われるかどうかという差異を基底表示の違いに還元するのは困難なように思われる。そのため本書ではこの考えを退ける。

c. 全ての規則が適用される語彙グループ（核）は必ず存在するのか？

次節以降順に詳述する。

2.2.2.1. レキシコン内の全ての語彙の集合は包含関係にあり，同心円を形成しているのか？――立石（2002）などの指摘する問題点――

まず，（41a）について述べる，Itô and Mester（1995a, 1999）では，上の（23）に示したように，全ての語彙の集合が包含関係にあり，同心円を形成するようなレキシコンの構造を仮定している。しかし，そのような構造の反例として立石（2002）や Ota（2004），Inkelas and Zoll（2007）などが挙げているのがオノマトペである。彼らは，オノマトペを考慮に入れると，オノマトペは[**p**ara**p**ara]“パラパラ”のように *P が働かない一方で，[ʃo**mb**ori]“しょんぼり”のように *NT が働くので，下の（42）に示すように交差関係を成す構造になり，全ての語彙の集合が包含関係にあるような構造ではなくなるという[18]。

（42）

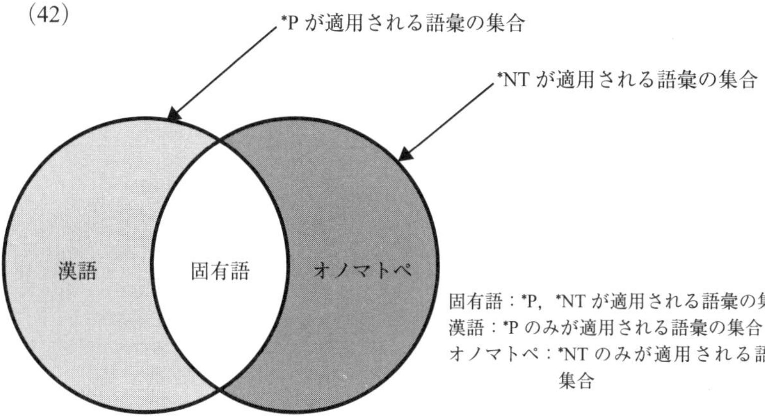

固有語：*P，*NT が適用される語彙の集合
漢語：*P のみが適用される語彙の集合
オノマトペ：*NT のみが適用される語彙の集合

[18] [ʃombori] は /sjo**N**bori/ のようにそのままレキシコンに登録されていると考え，さらに Ota（2004）のように，「形態音韻論的な部分の差異」のみに着目する立場にたてば，（42）のような構造にはならないかもしれない。しかし，[ʃombori] のようなリ延長強勢擬容語（黒田 1967）については，/sjobo/“（しょぼしょぼの）しょぼ”から派生したという見方もある。

2.1.1.2. 節でも述べたが，（42）のような構造自体は，上の（25）に示した「核と周辺」構造がもつ全ての特徴を有しており，Itô and Mester（1995b）では（42）のような構造を認めている。しかし，Itô and Mester（1999）のように指標付きの忠実性制約で音韻論的差異を捉えようとすると問題が生じる。オノマトペの忠実性制約 $\text{FAITH}_{\text{O(=ONOMATOPOEIA)}}$ があるとすると，オノマトペには *NT が働くので，上の（30）で示したランキングの中では，FAITH_{N} と同じ位置にあると仮定できそうである（(43)）。

（43） *P>>$\text{FAITH}_{\text{SJ(=Sino Japanese)}}$>>*NT>>$\text{FAITH}_{\text{N(=Native)}}$ $\boxed{\text{FAITH}_{\text{O}}}$
ここでは，（30）のランキングを一部省略している。

しかし，そうするとオノマトペには *P も働くことになるので，なぜ [**p**ara**p**ara] のように [p] が語頭や母音間で現れるのかが説明できなくなる。代わりに，*P が働かないことを考慮して，*P より上位に FAITH_{O} を置くとオノマトペには *NT が働かないことになるので，今度はなぜ *[ʃo**mp**ori]“しょんぼり”のような語形が存在しないのかが説明できなくなる。つまり Itô and Mester（1999）で提案されたランキングが維持されるためには，全ての語彙の集合が包含関係にあり，同心円を形成していなければならないのである[19]。

本書ではトルコ語と現代ウイグル語それぞれのレキシコンの構造を明らかにする。そしてそれぞれのレキシコンの構造が，上の（23）に示したように，全ての語彙の集合が包含関係にあり，同心円を形成するような構造であるかどうかを明らかにし，Itô and Mester（1995a, 1999）の妥当性を検証する。第 5 章ではトルコ語と現代ウイグル語の両方で，包含関係になっていない部分がみられることを示し，Itô and Mester（1995a, 1999）の理論が妥当ではないこ

[19] このような問題は，[parapara]“パラパラ”と [ʃombori]“しょんぼり”が同じ語彙グループに属していると考えた場合に生じる。音韻論的にみれば，[parapara] は *P が働かないというだけで，*NT が働いているかどうかはわからない。同様に，[ʃombori] も *NT が働かないというだけで，*P が働いているかどうかはわからない。そのため，同化外来語，非同化外来語のように，オノマトペを *NT が働くものと *P が働くものに分けてしまえば Itô and Mester (1999) の理論は維持できるが，ここではこれ以上の議論はしない。
オノマトペ 1（O1）：*NT が働く　sjoNbori, zaNburi...
オノマトペ 2（O2）：*P が働く　para, poto, supa...
ランキング：FAITH_{O2}>>*P>>FAITH_{SJ}>>*NT>>FAITH_{N}, FAITH_{O1}

とを示す。

2.2.2.2. 忠実性の原理によって語彙間で音韻論的差異が生じているのか？——Inkelas and Zoll（2007）の指摘する問題点——

次に（41b）について述べる，上の（32）でも示したように，Itô and Mester（1999）は語彙間の差異が生じる背景には忠実性制約（忠実性の原理）があるとしている。つまり，忠実性の原理が関わらない形で語彙間の音韻論的差異が生じている事例がある場合，それは Itô and Mester（1999）の理論では捉えられないことになる。忠実性の原理が関わらない形で語彙間の音韻論的差異が生じている例を Inkelas and Zoll（2007）は Pater（2000）を引用しつつあげている。Pater（2000）は，英語のアクセントに関して，多くの場合，(44) のように，第 1 強勢が置かれている音節の直前の重音節が第 2 強勢をうけるが，いくつかの語彙では（45）のように，例外的に第 2 強勢が置かれないという。なお，(44) と（45）ではつづりで語例を示す。

(44)	bàndána	“バンダナ”	bàctéria	“バクテリア”
	òctóber	“10 月”	èxtrínsic	“外在的”
	ċitátion	“引用”	cògnítion	“認知”

［Pater 2000: 244（11a）を筆者が一部抜粋］

(45)	advántage	“優位性”	extínguish	“消す”
	*àdvántage		*èxtínguish	
	congréssional	“会議の”	embárrass	“当惑させる”
	*còngréssional		*èmbárrass	

［Pater 2000: 263（40）を筆者が一部抜粋。また，* 付きの語例を加筆］

Pater（2000）は（45）の語彙には「強勢が隣接してはならない」とする一種の異化制約が働くため，第 1 強勢が置かれた音節の直前の重音節に強勢が置かれないと考える。つまり，Pater（2000）の分析においては，(44) と（45）の違いは，音声形において，異化していることを求めるかどうかという違いに還元され，基底形を維持するかどうかという違いには還元されないことになる。

(46)

	音声形において異化していることを
(44) の語彙　例：bàndána	要求しない。
(45) の語彙　例：advántage	要求する。

Pater (2000) 自身も指摘するように，(44) と異なり，(45) の語彙は，ad-や，con- といったラテン語起源の接頭辞で始まるものが多い。これを考慮すると，(44) に示す語彙とは語構造がそもそも違う可能性があり，それが強制パターンの違いを生み出した可能性も捨てきれないが，いずれにせよ本書でも忠実性の原理が関わらない形で音韻論的差異が生じているかどうかを検証し，Itô and Mester (1999) の理論の妥当性を検証する。第 5 章ではトルコ語と現代ウイグル語の両方で，忠実性の原理が関わらない音韻論的差異が存在することを示し，Itô and Mester (1999) の理論が妥当ではないことを示す。

2.2.2.3. 全ての規則が適用される語彙グループ（核）は必ず存在するのか？
—— Kubozono (1997) の主張から生じる「核と周辺」構造の問題点 ——

最後に，上の (41c) について述べる。上の (23) のような包含関係を成している構造にしろ，(42) のような交差関係を成している構造にしろ，必ず，2 つ以上の円が重なる部分があった。しかし，下の (47) に示すような，並列関係を成している構造は存在しなかった。

(47) = (9c)

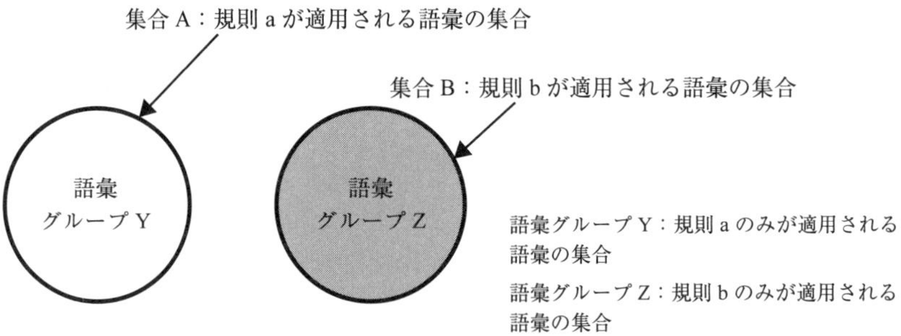

おそらく，レキシコンの構造として，上の（25）の特徴をもつ構造しか認めないのであれば，（47）に示す並列関係は認められない。なぜなら，並列関係を認めてしまうと，当該言語の全ての制約（ないし規則）が適用される語彙グループ（核）が存在しないことになるためである。つまり，仮に並列関係がみつかれば，「核」が存在しないことになるので，Itô and Mester（1995a, 1995b, 1999）の「核と周辺」構造という考え方が妥当ではないことを示すことになる。

Kubozono（1997），及び Kawahara, Nishimura and Ono（2003）の日本語アクセントの研究は，（47）のような並列関係がありうることを示していると考えられる。Kubozono（1997）によれば，/ne'ko/“猫”や /sju'u/“州”のように次末モーラにアクセント核をもつ名詞に着目すると，それらを後部要素とした複合語が形成される際，固有語では，下の（48）のように後部要素のアクセントが維持されるが，漢語では下の（49）のようにそれが維持されず，前部要素の末尾のモーラにおかれる（前部要素の末尾のモーラが特殊拍の場合は前部要素の次末のモーラにおかれる）。

（48）	/ne'ko/	“猫”	peruʃa-**ne**'ko	“ペルシャ猫”
	/a'me/	“雨”	niwaka-**a**'me	“にわか雨”
	/i'ta/	“板”	garasu-**i**'ta	“ガラス板”

［Kawahara, Nishimura and Ono 2003: 144,（8a）］

（49）	/se'ki/	“席”	jojaku'-**se**ki, *jojaku-**se**'ki	“予約席”
	/sju'u/	“州”	nebada'-**ʃu**:, *nebada-**ʃu**':	“ネバダ州”

［Kubozono 1997: 281,（3b）の一部，及び 275,（3b）の一部より抜粋］

ここで，アクセントを複合語の前部要素の末尾のモーラにおく規則を仮に「複合語アクセント規則」とすると，複合語アクセント規則は漢語にのみ適用されることになる。また，*NT や連濁規則が固有語にのみ適用されることを考えると，（50）のような並列関係があることになる。

(50)

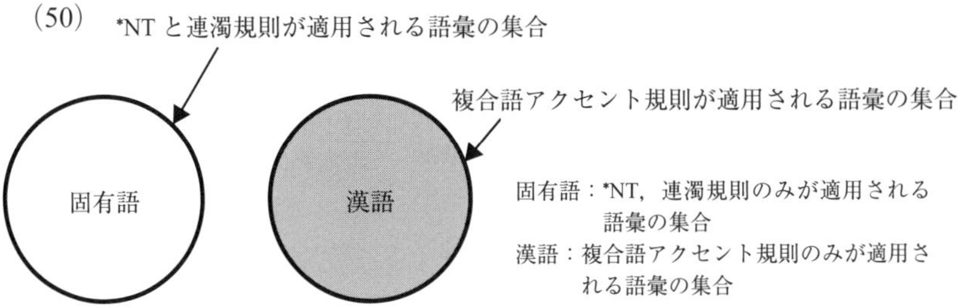

本書ではこのように並列関係があるかどうかという点でも Itô and Mester（1995a, 1995b, 1999）の理論の妥当性を検証していく。なお，Kubozono（1997），及び Kawahara, Nishimura and Ono（2003）も指摘するように，上の（48）のような固有語のアクセントパターンには揺れがみられ，特に若年層では多くの固有語にも漢語同様複合語アクセント規則が適用される。筆者の内省でも，（48）の語彙は /perusja-neko/ 以外はむしろ複合語アクセント規則が適用された形式の方が文法的である（/perusja-neko/ については両方の形式を認める）。このことを考えると，*NT と連濁規則が適用される語彙の集合と，複合語アクセント規則が適用される語彙の集合は下の（51）に示すように交差関係を成していると考えるべきかもしれない。いずれにせよこれについては今後の課題としておく。

(51)

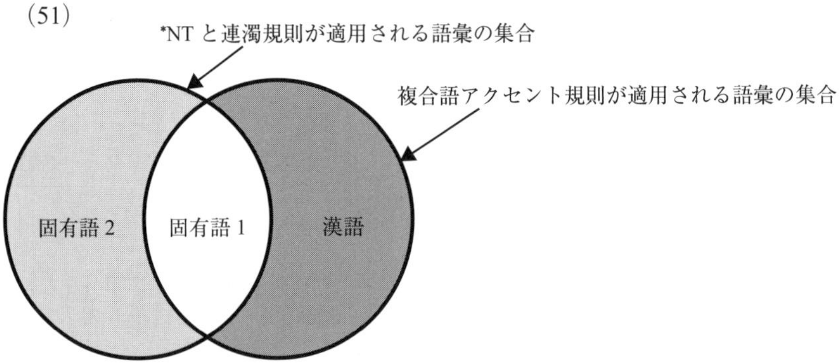

固有語 1：*NT，連濁規則，複合語アクセント規則が適用される語彙の集合
漢語：複合語アクセント規則のみが適用される語彙の集合
固有語 2：*NT，連濁規則のみが適用される語彙の集合

第5章では現代ウイグル語で並列関係があることを示し，Itô and Mester（1995a, 1995b, 1999）の理論が妥当ではないことを示す。

次章ではトルコ語をみていくことにする。

第3章
トルコ語

本章ではトルコ語の，i. 音節末子音の無声化，ii. 母音調和を取り上げる。まず，各々の現象を記述する音韻規則を提案する。次にその規則が適用されない語彙が存在することを指摘し，規則の適用・不適用に基づいてレキシコンにおいて語彙が区別されていることを示す。その後，トルコ語にはいくつの語彙グループが存在するのかを示し，レキシコンの構造を明らかにする。

以下の 3.1. 節では，具体的な議論に入る前に，トルコ語の基本的な言語学的特徴を述べる。

3.1. トルコ語の言語学的特徴

3.1.1. 音素目録

トルコ語は（52）と（53）に示すように，8 つの母音音素と 25 の子音音素をもつと考えられる。

（52） 母音音素

	前舌		後舌	
	非唇音	唇音	非唇音	唇音
高舌	/i/	/y/	/ɯ/	/u/
低舌	/e/	/ø/	/a/	/o/

ただし，本章では，特に母音調和の分析において，基底形には上の（52）に示す音素以外の音素が存在すると仮定する。具体的には，母音調和により

交替する母音として［低舌性］と［－円唇性］のみが指定されている母音 /A/ と［高舌性］のみが指定されている母音 /I/ を仮定する。

（53） 子音音素

		唇　音	舌頂音		軟口蓋音	声門音
			歯茎音	硬口蓋音		
阻害音	破裂音	/p/ /b/	/t/ /d/	/k^{j}/ /g^{j}/	/k/ /g/	
	摩擦音	/f/ /v/	/s/ /z/	/ʃ/ /ʒ/	/ğ/	/h/
	破擦音			/ʧ/ /ʤ/		
共鳴音	鼻　音	/m/	/n/			
	流　音		/r/ /r^{j}/ /l/	/l^{j}/		
	半母音			/j/		

子音に関しては，先行研究の間でいくつの音素を仮定するか，若干の差異がある。特に，Lees（1961: 6）や Göksel and Kerslake（2005: 3）では仮定していないが，Clements and Sezer（1982）では /r^{j}/ という音素を仮定している。基底形において /r^{j}/ が存在することを示すデータは実際には多くない。音声形として，[r^{j}] は一般的に前舌母音を含む音節内に現れる（例：[ga.**r^{j}**ip]“奇妙な”）。これだけをみると，[r^{j}] は /r/ が硬口蓋化して現れた異音ということになり，/r^{j}/ という音素を立てる必要はない。しかし，[har^{j}p]“戦争”のように，前舌母音がなくとも [r^{j}] が現れる語彙が存在すること，さらにそれが [harp]“ハープ”とミニマルペアを成していることから，ここでは /r^{j}/ を音素の 1 つとして仮定しておく[1]。

また，（53）の軟口蓋摩擦音の箇所に /ğ/（*Yumuşak G*, やわらかい G）という音素が存在するが，Göksel and Kerslake（2005: 7-8）や栗林（2010: 12）などが指摘するように，/ğ/ が実際に軟口蓋摩擦音として実現することはない（一部方言を除く）。/ğ/ は，語頭に現れず，かつ必ず母音に後続する。/ğ/ は母

1 /k^{j}, g^{j}, l^{j}/ も同様に，前舌母音がなくともそれぞれ [k^{j}, g^{j}, l^{j}] で現れている語例があること，さらに，[k, g, l] とのミニマルペアが存在することから音素として仮定することができる。これについては 3.3.4.1. 節で再び述べる。

音間に位置する場合，無音化する（/ğ/ → Ø/__V 例：/ağɯz/ [a.ɯz] “口”）。また，/ğ/ に子音が後続する場合，/ğ/ は直前の母音と同化する（/ğ/ → V_i/V_i__C 例：/doğru/ [doː.ru] “まっすぐ”）[2]。

3.1.2. 形態論的特徴

トルコ語は日本語と同じく様々な接尾辞が語幹に接辞することで様々な文法関係が表される。

(54)　a. 名詞語幹の後に接尾辞が接辞する例

at -lar -ɯmɯz -a　　“私たちの馬たちに”

馬 -PL -1.PL.POSS -DAT

b. 動詞語幹の後に接尾辞が接辞する例

gyl -dyr -yl -me -dik　　“私たちは笑わせられなかった”

笑う -CAUS -PASS -NEG -1.PL.PAST

3.1.3. 借用語

第 1 章の 1.3. 節でも簡単に述べたが，トルコ語は多くの借用語をその語彙体系に含む。特にアラビア語，ペルシア語からの語彙が多く，次にフランス語や英語からの借用語が多い。Nişanyan（2002）をみる限り，アラビア語，ペルシア語からの借用語は近代（18，19 世紀）以前からすでに借用されており，フランス語や英語からの借用語は近代以降借用されたものが多い。

本書では，しばしばデータの提示の際，それが借用語かどうか明らかにするために，その出自を示すことがある。トルコ語の語彙の出自については，トルコ言語協会（*Türk dil kurumu*）の運営するインターネット上のトルコ語辞典（*Büyük Türkçe Sözlük*“大トルコ語辞典”URL: http://www.tdk.gov.tr/index.php?option=com_bts）を参考にした。このサイト上に出自に関する情報がない場合は

[2] 実際には [j] や [w] のような接近音で実現することもあるがここでは省略する。

Nişanyan (2002) を参考にした。語彙の出自情報を示す際には下の (55) に示す略語を用い，下の (56) のようにグロス（意味）の右下に付す。略語を付していない単語は固有語である。また，借用語ではグロスに続けて，< の後に借用元言語における語形をアルファベット表記（つづり）で付す。

(55) ア：アラビア語，イ：イタリア語，フ：フランス語，ペ：ペルシア語，英：英語

(56) kitap　　“本”ァ < *kitāb*

なお，出自はあくまで補足情報として掲載する。本書ではあくまで形態音韻論的な部分の差異に基づいた語彙グループに着目するので，出自に基づいた語彙グループの区別は考えない。

次節以降では，具体的な音韻論的現象をみることにする。

3.2. 音節末子音の無声化

本節では，トルコ語の語彙のグループ分けに関わる現象の 1 つである音節末子音の無声化を扱う。3.2.1. 節では，この現象を記述する規則を提案する。3.2.2. 節では，この現象が起きる語彙と起きない語彙があることを示す。3.2.2. 節ではさらに，そのような語彙間の差異があるのは，規則の適用・不適用に基づいて語彙がレキシコンにおいて区別されているためであることを示す。

3.2.1. 現象と規則

トルコ語では，(57)-i, ii に示すように，有声阻害音が音節末に位置する場合，それが無声音になる現象が起きる（(57)-iii に示すように，音節末に位置しない場合は，有声音のまま現れる)。これが音節末子音の無声化である。この現象が起きる語彙はほとんどが固有語であるが，/kitab/ “本”ァ や /reng/ “色”ペ のような借用語も含まれる。

(57)	/語幹/	i. 語幹-∅[3]	ii. 語幹-PL（/-lAr/）	iii. 語幹-GEN（/-In/）	
a.	/kana**d**/	ka.na**t**	ka.na**t**.lar	ka.na.**d**ɯn	“翼”
		*ka.na**d**	*ka.na**d**.lar	*ka.na.**t**ɯn	
b.	/kita**b**/	ki.ta**p**	ki.ta**p**.lar	ki.ta.**b**ɯn	“本”ア < *kitāb*
		*ki.ta**b**	*ki.ta**b**.lar	*ki.ta.**p**ɯn	
c.	/gy**ʤ**/	gy**ʧ**	gy**ʧ**.ler	gy.**ʤ**yn	“力”
		*gy**ʤ**	*gy**ʤ**.ler	*gy.**ʧ**yn	
d.	/ren**g**/[4]	ren**k**	ren**k**.ler	ren.**g**in	“色”ペ < *rang*
		*ren**g**	*ren**g**.ler	*ren.**k**in	

※　/-lAr/ は母音調和により [lar] または [ler] のどちらかで，/-In/ は母音調和により [in], [ɯn], [yn], [un] のいずれかで実現する。

この無声化は破裂音と破擦音，すなわち［－継続性］をもつ有声阻害音だけに起きる[5]。下の（58）に示すように［＋継続性］をもち，かつ［－継続性］をもたない有声阻害音（すなわち有声摩擦音）の場合はこの無声化は起きない[6]。なお，これ以降は説明の便のため，［－継続性］をもつ有声阻害音のことをD，［－継続性］をもつ無声阻害音をTと表記することがある。

(58)	/語幹/	i. 語幹-∅	ii. 語幹-PL	
a.	/ka**z**/	ka**z**	ka**z**.lar	“ガチョウ”
		*ka**s**	*ka**s**.lar	
b.	/pasa**ʒ**/	pa.sa**ʒ**	pa.sa**ʒ**.lar	“通り”フ < *passage*
		*pa.sa**ʃ**	*pa.sa**ʃ**.lar	

3　トルコ語では主格形，あるいは，不定の対格形は音形をもった接尾辞を伴わない。本書では，（57）-iのような形式は，音形はもたないものの，主格に対応する接辞や不定の対格に対応する接尾辞が語幹に接辞していると仮定し，それを便宜的に「語幹-∅」のように表す。なお，∅が接辞していると考えられる場合でも，音形をもった接尾辞がすでに接辞している際には，∅を省略する。

4　トルコ語では /k, g, l, r/ は前舌母音を含む音節内では硬口蓋化して [kʲ, gʲ, lʲ, rʲ] となる。また，/n/ にこれらの硬口蓋化音が後続する場合，/n/ は硬口蓋化音と同化し，[ɲ] になる。そのため，/ren**g**/ は正確には [reɲkʲ] のようになるが，ここでは簡略化し，[renk] と表記した。硬口蓋化音については，硬口蓋化が関与的な議論においてのみ，[kʲ, gʲ, lʲ, rʲ] と表記する。

5　破擦音を破裂音，及び摩擦音と区別するために，本書ではNewman（1997）にならい，破擦音は［－継続性］と［＋継続性］の両方をもつと仮定する。

6　Hualde（1988）が指摘するように，摩擦音が無声化することもあるが，破裂音や破擦音のように一貫して起こるわけではない。

音節末子音の無声化は下の（59）に示す規則によって記述される。

（59）　音節末子音の無声化規則

音節末に位置するDに［－有声性］を付与せよ。

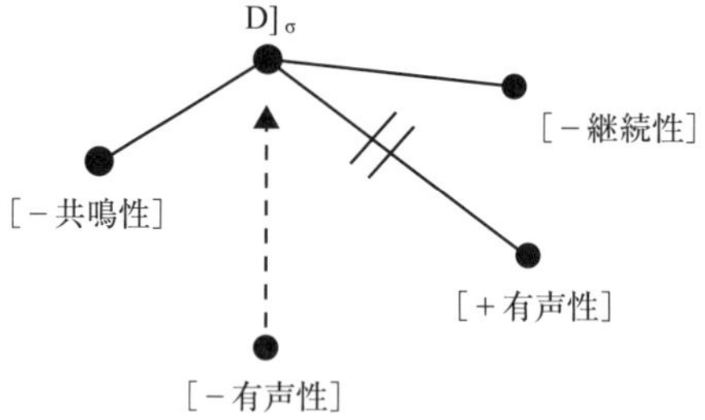

※破線の矢印はある素性がある分節音に連結することを表す。

3.2.2. 音節末子音の無声化が起きない語彙

前節では音節末子音の無声化規則を提案したが，下の（60）に示すように，トルコ語の中にはこの規則が適用されず，Dがそのまま音声形に現れる語彙も存在する。そのような語彙の出自をみると，ほとんどが借用語であるが，中には[ad]“名前”のような固有語も存在する[7]。

（60）	/語幹/	i. 語幹-∅	ii. 語幹-PL	
a.	/ra**bb**/[8]	ra**b**	ra**b**.ler	“神”ア＜ *rabb*
		*ra**p**	*ra**p**.ler	
b.	/ha**ʤʤ**/	ha**ʤ**	ha**ʤ**.lar	“巡礼”ア＜ *ḥajj*
		*ha**ʧ**	*ha**ʧ**.lar	
c.	/ety**d**/	e.ty**d**	e.ty**d**.ler	“勉強会”フ＜ *étude*
		*e.ty**t**	*e.ty**t**.ler	
d.	/yrolo**g**/	y.ro.lo**g**	y.ro.lo**g**.lar	“泌尿器科”フ＜ *urologue*

[7] 調査の限りでは，音節末子音の無声化規則が適用されない固有語は全て単音節語幹であった。

[8] トルコ語には /rabb/ や /hadʒdʒ/ のように末尾に重子音をもつ語幹が存在する。この末尾の重子音は音節末に位置する場合，脱重子音化（degemination）し単一の子音になる。音節末でない場合は重子音のまま実現する（例：rabb-in“神の”，hadʒdʒ-ɯn“巡礼の”）。また，/rabb/ は後舌母音の /a/ を含むが，後続する接尾辞内の母音は母音調和せず前舌母音が現れる。

		*y.ro.lo**k**	*y.ro.lo**k**.lar	
e.	/dijalo**g**/	di.ja.lo**g**	di.ja.lo**g**.lar	“対話” フ < *dialogue*
		*di.ja.lo**k**	*di.ja.lo**k**.lar	
f.	/sa**ʤ**/	sa**ʤ**	sa**ʤ**.lar	“鉄板”
		*sa**ʧ**	*sa**ʧ**.lar	
g.	/a**d**/	a**d**	a**d**.lar	“名前”
		*a**t**	*a**t**.lar	

実際には，上の（60）の語彙の音声波形をみてみると，末尾の D で声帯振動が観察されない，すなわち無声音で実現していることもある。そのため，（60）の語彙には音節末子音の無声化規則が適用されているとみることもできるかもしれない。しかし，以下にあげる 2 つの理由から，本書ではその考えを退ける。

まず，（60）の語彙では帯気音化がみられないということが理由として挙げられる。Göksel and Kerslake（2005: 4）でも述べられているように，トルコ語では語末の T は帯気音化して実現する（例：/at/ [at^h] “馬”）。この帯気音化は音節末子音の無声化規則により現れた T が語末に位置する際にもみられる（例：/kita**b**/ [kita**p**^{h}] “本”）。その一方で，（60）の語彙の末尾の子音は語末において限りなく無気音に近く発音される。その点でこれらは T が音声形においてもつ特徴を欠いているといえる[9]。そのため，（60）の語彙に音節末子音の無声化規則が適用されていると考えることはできない。

次に，（60）の語彙では後続する接尾辞の初頭子音の同化がみられないということが理由として挙げられる。下の（61）と（62）ではそれぞれ，上の（57）に示した語彙（音節末子音の無声化規則が適用される語彙）と（60）に示した語彙（音節末子音の無声化規則が適用されない語彙）に位格接尾辞 /-dA/ が接辞している。この /-dA/ の /d/ は無声阻害音に後続した場合，同化を起こし無声阻害音である /t/ になる（例：/iʃ-dA/ [iʃ**te**], *[iʃ**de**] “仕事-LOC”）。

[9] また，有声音も無気音も VOT（Voice Onset Time，閉鎖の解放から声帯振動が始まるまでの時間）が短いという点で音声学的にはかなり類似した特徴をもっているため，有声音が無声無気音として実現しても不思議ではないだろう。

この同化は（61）に示すように，（57）の語彙のようにもともと末尾にDをもっているものに接辞した場合でも起こる。つまり，音節末子音の無声化規則によってDがTになった後に，/-dA/ の /d/ が /t/ になる，という過程を経ていることになる（/kana**d**-**d**A/ → /kana**t**-**d**A/ → [kana**tt**a]）。仮に，（60）に示した語彙においても，音節末子音の無声化規則が適用されているとすると，（61）と同様に /dA/ の /d/ が /t/ になるはずである。しかし，（62）をみると，そのような同化は起きていない。そのため，（60）の語彙に音節末子音の無声化規則が適用されていると考えることはできない。

（61） /語幹/ 語幹-LOC（/-dA/）

a.	/kana**d**/	ka.na**t**.**t**a	*ka.na**d**.**d**a	“翼”
b.	/kita**b**/	ki.ta**p**.**t**a	*ki.ta**b**.**d**a	“本” ァ＜ *kitāb*
c.	/gy**ʤ**/	gy**ʧ**.**t**e	*gy**ʤ**.**d**e	“力”

（62） /語幹/ 語幹-LOC

a.	/ha**ʤʤ**/	ha**ʤ**.**d**a	*ha**ʧ**.**t**a	“巡礼” ァ＜ *ḥajj*
b.	/ety**d**/	e.ty**d**.**d**e	*e.ty**t**.**t**e	“勉強会” フ＜ *étude*
c.	/dijalo**g**/	di.ja.lo**g**.**d**a	*di.ja.lo**k**.**t**a	“対話” フ＜ *dialogue*

（57）の語彙と（60）の語彙の差異をみると，下の（63）に示すように，トルコ語のレキシコンには，（59）の音節末子音の無声化規則が適用される語彙と適用されない語彙があると考えられる。

（63） レキシコン内での語彙の区別

	適用される語彙	適用されない語彙
音節末子音の無声化規則	/kitab/, /gyʤ/, /reng/, /kanad/	/ad/, /saʤ/, /etyd/, /yrolog/

以下の3.3.節では母音調和を取り上げる。

3.3. 母音調和

本節では，トルコ語の語彙のグループ分けに関わる現象の1つである母音調和を扱う。3.3.1. 節では，母音調和がどのような現象であるかを概説する。3.3.2. 節では，母音調和が先行研究でどのように分析されてきたかを示す。3.3.3. 節では，母音調和が起きない語彙が存在することを示す。3.3.4. 節では，母音調和が起きない語彙が先行研究でどのように分析されてきたかを紹介し，先行研究の分析案の問題点を指摘する。3.3.5. 節では，その問題点を解決するために，Kabak（2007）で仮定されているデフォルト規則を取り入れた分析を行う[10]。また，母音調和に関して語彙間の差異があるのは，母音調和規則の適用・不適用に基づいて語彙がレキシコンにおいて区別されているためであることを示す（正確には母音調和規則というのは，i.「舌の前後の調和」規則とii.「唇の調和」規則を合わせた総称であり，このうち，「舌の前後の調和」規則の適用・不適用に基づいて語彙が区別されている）。3.3.6. 節では，本書で提案する母音調和規則を定式化する。また本書ではKabak（2007）の分析とは異なる分析や仮定をする部分があるため，なぜ，異なる仮定をするのかを，同じく3.3.6. 節で述べる。また3.3.6. 節では，今後の課題も述べる。

3.3.1.　母音調和の概説

母音調和というのは，隣接する母音音素のうち，一方が他方と同じ特徴をもった母音音素になろうとする同化現象のことを指す。トルコ語には下の（64）に示す8つの母音があり，下の（65）に示す形で舌の前後と円唇性に関して調和（同化）がみられる（舌の高さの調和はみられない）。

---

[10] デフォルト規則というのは不完全指定理論，特にArchangeli（1988）などの徹底不完全指定理論（Radical Underspecification Theory）で提案されたもので，未指定になっている素性（の値）を環境に依存せずに一律に指定する規則である。

(64) = (52) 母音音素

	前舌		後舌	
	非唇音	唇音	非唇音	唇音
高舌	/i/	/y/	/ɯ/	/u/
低舌	/e/	/ø/	/a/	/o/

(65) 母音調和

a.「舌の前後の調和」

母音は直前の母音と舌の前後（前舌か後舌か）が一致する。

b.「唇の調和」

高舌母音は直前の母音と円唇性（円唇か非円唇か）が一致する。

以下の 3.3.1.1. 節から 3.3.1.3. 節では，この母音調和がどのような場合にみられるかを示す。

3.3.1.1. 語幹と接尾辞の間の母音調和

まず，母音調和は語幹と接尾辞の間にみられる。

(66)	/語幹/	i. 語幹-GEN	ii. 語幹-PL	iii. 語幹-PL-GEN	
a.	/et/	et-in	et-ler	et-ler-in	“肉”
	/ip/	ip-in	ip-ler	ip-ler-in	“ひも”
b.	/søz/	søz-yn	søz-ler	søz-ler-in	“言葉”
	/jyz/	jyz-yn	jyz-ler	jyz-ler-in	“顔”
c.	/sap/	sap-ɯn	sap-lar	sap-lar-ɯn	“柄”
	/kɯz/	kɯz-ɯn	kɯz-lar	kɯz-lar-ɯn	“娘”
d.	/on/	on-un	on-lar	on-lar-ɯn	“10”
	/tuz/	tuz-un	tuz-lar	tuz-lar-ɯn	“塩”

(66)-i, iii に示した属格接尾辞（/-In/）は [in, yn, ɯn, un] という 4 つの形式のどれかで現れる[11]。どの形式で現れるかは，上で示した（65a）と（65b）

[11] 語幹末が母音の場合は語幹と接尾辞の間に，[kafa-**n̠ɯn**]“頭の”のように [n] が現れるため，より正確には，[in, ɯn, yn, un] それぞれの初頭に [n] が現れたものを含めて 8 つの形式がある。

に従って決定される。例えば，(66a) のように，直前の母音が非円唇前舌母音 (/e, i/) の場合，/-In/ は舌の前後及び円唇性が /e, i/ と調和する母音，すなわち [i] を含む [in] で現れる。一方で，(66)-ii, iii に示した複数接尾辞 (/-lAr/) は [ler] と [lar] という 2 つの形式のどちらかで現れる。このうちどちらで現れるかは，(65a) に従って決定される。例えば，(66a, b) のように，直前の母音が前舌母音 (e, i, ø, y) の場合，舌の前後が調和する母音 [e] を含む [ler] で現れる。/-In/ の /I/ のような高舌母音では直前の母音が円唇母音であれば，円唇母音になっていた ((65b) に示したように，「唇の調和」は高舌母音にのみみられる)。一方で，/-lAr/ の /A/ のような低舌母音では，「唇の調和」はみられない。そのため，直前の母音が円唇母音であっても，*[søz-lør] のように円唇母音にはならない。なお，トルコ語の全ての接尾辞において母音調和がみられるわけではない。例えば，"～角形" を意味する /-gen/ の /e/ や，色や味を表す形容詞に接辞し，"やや～" を表す /-mtrak/ の /a/ では母音調和はみられない。

(67)	a.	altɯ "6"	altɯ-g**e**n	*altɯ-g**a**n	"六角形"
	b.	ekʃi "酸っぱい"	ekʃi-mtr**a**k	*ekʃi-mtr**e**k	"やや酸っぱい"

3.3.1.2. 語幹内の母音と語幹内に挿入される母音の間の母音調和

(66) の他に母音調和がみられる例として，下の (68) のような，語幹内への挿入母音が挙げられる。この挿入母音は，音節構造に従って挿入されたり，されなかったりするので，ゼロ (Ø) との交替を起こしているといえる[12]。

(68)	/語幹/	i. 語幹-∅ 母音が挿入される。	ii. 語幹-GEN 母音が挿入されない。	
a.	/bejn/	be.j**<u>i</u>**n	bej.n-in	"脳"
b.	/karn/	ka.r**<u>ɯ</u>**n	kar.n-ɯm	"お腹"
c.	/gønl/	gø.n**<u>y</u>**l	gøn.l-yn	"心"

[12] ∅とゼロ (Ø) は異なるものを指す。前者は音形のない接尾辞を意味する。後者はある分節音が音声形に存在しないことを表す。

d.	/burn/	bu.r**u**n	bur.n-um	“鼻”

トルコ語の語彙（語幹）のなかには，(68) のように基底形において CVCC という構造をもつものがある。この CVCC の末尾の 2 子音連続部分について，それが下の (69) に示す子音連続に当てはまらない場合，(68)-i のように末尾の 2 子音の間に母音が挿入される（CVCC → CVCVC）[13]。

(69) トルコ語で認められる音節末子音連続[14]

a. 共鳴音 + 阻害音

/語幹/	i. 語幹-∅	ii. 語幹-GEN	
/ty**rk**/	ty**rk** *ty.**ryk**	tyr.k-**y**n	“トルコ人”

b. 無声摩擦音 + ［－継続性］をもつ阻害音

/語幹/	i. 語幹-∅	ii. 語幹-GEN	
/a**ʃk**/	a**ʃk** *a.**ʃɯk**	aʃ.k-**ɯ**n	“恋”

c. k+s

/語幹/	i. 語幹-∅	ii. 語幹-GEN	
/bo**ks**/	bo**ks** *bo.**kus**	bok.**s**-un	“ボクシング”

［Clements and Sezer 1982: 245, (74)］

---

13 (68) では語幹の基底形にすでに高舌母音があり，それが削除されている（例：/bejin-In/ [bejn-in]）とする分析もできるかもしれないが，それでは問題が生じてしまう。削除規則があるとすると，$V_{[高舌性]} \rightarrow \emptyset$/(C)VC__C-V というような母音削除規則を仮定することになる。しかし，以下に示すように，この削除規則が適用される環境が整っていても，高舌母音が削除されていない語彙が存在するので，これらの語彙でなぜ削除規則が適用されないのか説明がつかなくなってしまう。もちろん，(68) の語彙と，下に示す /kojun/ などの語彙の違いを語彙グループの違いに還元することもできるが，積極的にそうする理由はない。

	語幹-GEN		
a. /kojun/	koj**u**n-un	*kojn-un	“羊”
b. /bakɯr/	bak**ɯ**r-ɯn	*bakr-ɯn	“銅”

14 ただし，Clements and Sezer (1982) が指摘するように，(69) にあてはまるものの，母音が挿入されるものも数例存在する（/kajd/ [ka.jɯt]“登録” /ufk/ [u.fuk]“地平線” など）。そのため，(69) の一般化は再検討の余地がある。あるいは，母音が挿入されるものとされないものがあるため，この母音挿入についてもそれが適用される語彙と適用されない語彙という区別がレキシコン内にあるのかもしれない。これについては今後の課題としておく。なお，/kajd/ の /d/ は音節末では音節末子音の無声化規則により無声化する。この /d/ は，Clements and Sezer (1982) では，/t/ とされていたが，筆者の調査では，/t/ と /d/ の交替がみられたので，基底においては /d/ だと考えられる。

挿入母音は常に高舌母音である。挿入母音の舌の前後と円唇性は母音調和によって決定される。例えば /bejn/ は /e/ をもつので，挿入母音として，/e/ と調和する高舌母音である [i] が現れる（[bej**i**n]）。なお，この挿入母音は(68)-ii のように，末尾の2子音が別々の音節に属することになる場合には挿入されない（[ok][bej.n-in], *[be.ji.n-in]）。そのため，先述のように，この挿入母音はゼロとの交替を起こしているといえるのである。

3.3.1.3. 多音節語幹内の母音調和

（68）は語幹内への挿入母音，すなわち基底の段階では存在していなかった母音の母音調和であったが，母音調和は，基底の段階からすでに語幹内に存在していると考えられる母音にもみられる。多音節語幹をみてみると，特に固有語において，母音調和に従った母音配列をもつ語幹が多くみられる。

（70）	a. **e**t**e**k	“スカート”	i. **a**j**a**k	“足”
	b. g**e**j**i**k	“鹿”	j. **a**j**ɯ**	“熊”
	c. **i**p**e**k	“絹”	k. **ɯ**rm**a**k	“川”
	d. **i**r**i**	“大柄な”	l. **ɯ**l**ɯ**k	“温暖な”
	e. **ø**rd**e**k	“アヒル”	m. **o**r**a**k	“鎌”
	f. **ø**k**y**z	“雄牛”	n. **o**t**u**z	“30”
	g. **y**lk**e**	“国”	o. **u**st**a**	“親方”
	h. **y**t**y**	“アイロン”	p. **u**l**u**	“偉大な”

※ ただし，固有語の中には，[**e**lm**a**]“りんご”，[**a**nn**e**]“母”のような母音調和していない語幹も数例みられる。

一方で借用語をみてみると，母音調和に従っていない語幹もあれば，従っている語幹もある。

（71）　母音調和に従っていない借用語

a. k**i**t**a**p　“本”ァ < *kitāb*

b. p**a**n**i**k　“パニック”ㇷ < *panique*

c. p**i**p**o**　“パイプ”ㇷ < *pipe*

d. s**a**ns**y**r　“検閲”ㇷ < *censure*

e. m**a**rk**e**t　　“マーケット”英 < *market*

（72）　母音調和に従っている借用語

a. b**i**ft**e**k　　“ビーフステーキ”フ < *bifteck*

b. m**i**n**i**　　“小さい（ミニの）”フ < *mini*

c. **a**t**a**k　　“攻撃”フ < *attaque*

d. k**u**p**a**　　“カップ”フ < *coupé*

（71）と（72）の語幹の母音配列は，どちらも借用元言語の音声をトルコ語の音素で解釈した結果として形成されていると考えられる。Itô and Mester（1995a, 1995b, 1999）のように，非形態音韻論的な部分にも基づいて語彙のグループ分けが行われると考えれば，（70）から（72）は，下の（73）に示すように語幹内の母音配列が母音調和に従っている語彙グループと，従っていない語彙グループという 2 つに分かれることになる。

（73）　語彙グループ 1：母音調和に従った母音配列をもつ語彙グループ
（70）と（72）の語彙
語彙グループ 2：母音調和に従った母音配列をもたない語彙グループ
（71）の語彙

しかし，基底の段階からすでに語幹内に存在している母音は形態音韻論的な交替をみせることはない。第 2 章の 2.2.1. 節で述べたように，本書では形態音韻論的な部分の差異にのみ着目する。そのため，本書では，（73）に示したようなグループ分けがなされているとは考えない。本書では主に，上の（66）で示したような接尾辞内の母音や上の（68）で示したゼロとの交替を起こす挿入母音のような，形態音韻論的な部分の差異に着目していく。

以下の 3.3.2. 節では，母音調和に関する先行研究の分析をみる。

3.3.2.　素性階層を取り入れた先行研究の分析

Clements and Sezer（1982）や Lahiri（2000）や Kabak（2007）では，素性階層を仮定しつつ，母音のもつ素性が後続母音に拡張することで母音調和が起こると分析している。素性階層に基づくと，トルコ語の各母音はそれぞれ下の（74）に示す表示をもつ。

（74）母音の表示

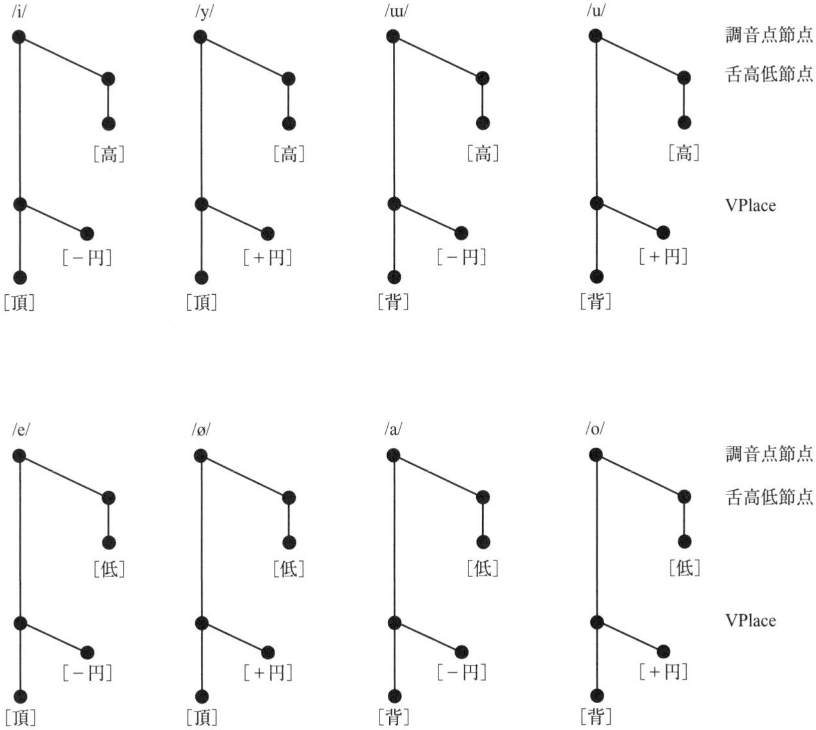

※ ここでは素性を略記している。それぞれ以下の素性を表す。[高]：[高舌性]，[低]：[低舌性]，[±円]：[±円唇性]，[頂]：[舌頂音性]，[背]：[舌背音性]。
なお，（74）では調音点節点より上は省略した。また，[唇音性] も省略し，その下位素性である [±円唇性] のみ記している。

先行研究の中には，舌の前後に関する素性として，Clements and Sezer (1982) のように [±後舌性] といった，正負の値をもつ2価的素性を仮定しているものもあるが，本書では Lahiri (2000) や Kabak (2007) のように，[舌頂音性] [舌背音性] といった単価的素性を仮定する。[舌頂音性] は [−後舌性] に，[舌背音性] は [+後舌性] にそれぞれ対応する（(75)）。

（75）　単価的素性　　　二価的素性

［舌背音性］：　［＋後舌性］

［舌頂音性］：　［－後舌性］

上の（74）のような表示を仮定すると，「舌の前後の調和」は［舌頂音性］あるいは［舌背音性］の拡張によって記述され，「唇の調和」は［±円唇性］の拡張によって記述される。先行研究（Clements and Sezer 1982, Lahiri 2000, Kabak 2007）では，接尾辞内の母音や挿入母音のような，母音調和により交替する母音（以下ではこれを交替母音と呼ぶ）は，下の（76）のように，いくつかの素性が未指定になっていると考える。さらに，未指定の素性については，下の（77）に示すような規則により，直前の母音のもつ素性の拡張が起こることで指定を受けると考える。

（76）　交替母音 /I/, /A/

a. /I/：［高舌性］のみ指定されている。舌の前後に関する素性（［舌頂音性］，［舌背音声］）と［±円唇性］は未指定。例：属格接尾辞（[in, ɯn, yn, un]）内の母音

b. /A/：［低舌性］と［－円唇性］が指定されている。舌の前後に関する素性（［舌頂音性］，［舌背音声］）は未指定。例：複数接尾辞（[ler, lar]）内の母音

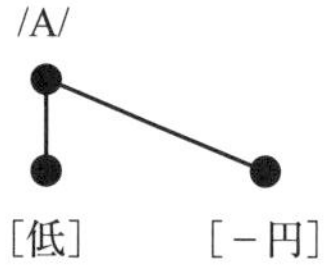

（77）　母音調和規則（暫定版）

i.「舌の前後の調和」規則

舌の前後に関する素性が未指定になっている母音（/I, A/）に直前の母音がもつ［舌頂音性］または［舌背音性］を拡張せよ。

ii.「唇の調和」規則
　［±円唇性］が未指定になっている母音（/I/）に直前の母音がもつ［±円唇性］を拡張せよ。

※（103）に母音調和規則の最終版を示す。

派生の例を（78）に示す。

（78）　派生の例

a. 例：/tuz-In/　　[**tu**z**u**n]　　塩-GEN

i. 基底形　→　ii. 拡張　→　iii. 音声形

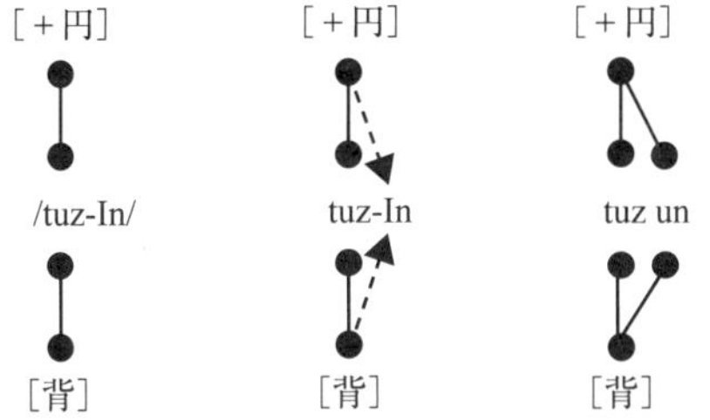

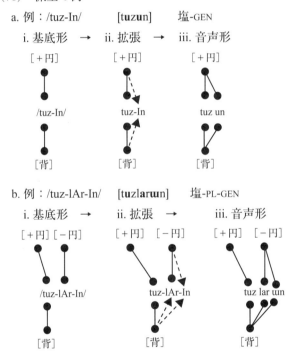

b. 例：/tuz-lAr-In/　　[**tu**zl**a**r**ɯ**n]　　塩-PL-GEN

i. 基底形　→　ii. 拡張　→　iii. 音声形

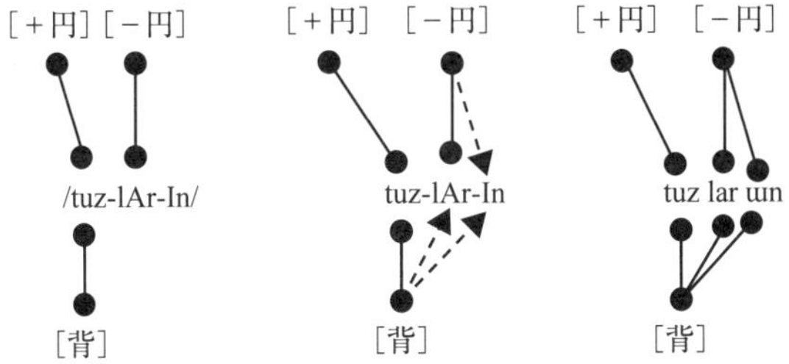

（78a, b）にみるように，/I/ や /A/ の直前の母音がもつ素性の拡張により，交替母音の未指定になっている素性の指定が行われる。また，（78b)-ii にみるように，/A/ はすでに［−円唇性］をもっているため，先行する円唇母音がもつ［+円唇性］は拡張しない。また，/A/ に後続する交替母音は，/A/ のもつ［−円唇性］が拡張するため，非円唇母音になる[15]。

なお，3.3.1.1. 節の（68）では母音調和しない接尾辞も存在することを述べたが，Clements and Sezer（1982）はこういった接尾辞内の母音は /I/ や /A/ のような一部の素性が未指定になっている母音ではなく，下の（79）に示すように十分に素性指定がされていると考える。基底の段階ですでに素性指定されているため，直前の母音の素性が拡張できる余地がないと考えるわけである。

（79）

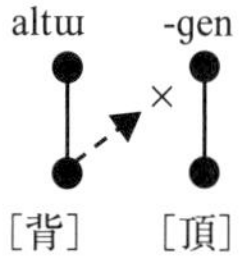

母音調和に関しては，おおむねこのような素性の拡張を考える分析が行われてきた。以下の 3.3.3. 節では，この母音調和が起きない語彙が存在することを示す。3.3.4. 節では，それらに対して先行研究でどのような分析が行われてきたかを紹介し，その分析案の問題点を指摘する。

3.3.3.　母音調和が起きない語彙

母音調和，より正確には母音調和のうち，「舌の前後の調和」が起きない語彙がトルコ語には存在する。これらは全て借用語（特にアラビア語，フランス語，イタリア語由来）である。なお，以下では「舌の前後の調和」が起きない，あるいは，「舌の前後の調和」規則が適用されないといった意味で「例外」という用語を用いることがある。

（80）[16]

a. /語幹/	i. 語幹-GEN	ii. 語幹-PL	
/saat/	saːt-in, *saːt-ɯn	saːt-ler, *saːt-lar	“時計” ア

[15] 「唇の調和」においては［＋円唇性］のみが拡張し，［－円唇性］はデフォルト規則によって与えられるという考えもできるが，本書の議論に大きく関わるものではないため，ここではそれについては議論しないでおく。

[16] /vaa**d**/ と /harʲ**b**/ の末尾の有声阻害音は音節末子音の無声化規則により，音節末においては無声化する。

< *sāʿat*

/vaad/　va:d-in, *va:d-ɯn　va:t-ler, *va:t-lar　“誓い” ア

< *waʿd*

/sol^j/　sol^j-yn, *sol^j-un　sol^j-ler, *sol^j-lar　“ソの音” イ

< *sol*

/gol^{j}f/　gol^{j}f-yn, *gol^{j}f-un　gol^{j}f-ler, *gol^{j}f-lar　“ゴルフ” フ

< *golf*

/har^{j}b/　har^{j}b-in, *har^{j}b-ɯn　har^{j}p-ler, *har^{j}p-lar　“戦争” ア

< *ḥarb*

b. /語幹/　i. 語幹-∅　ii. 語幹-GEN　iii. 語幹-PL

/vakt/　va.kit, *va.kɯt　vak.t-in, *vak.t-ɯn　va.kit.-ler, *va.kɯt.-lar　“時間” ア

< *waqt*

/aks/　akis, *akɯs　ak.s-in, *ak.s-ɯn　a.kis.-ler, *a.kɯs.-lar　“反響” ア

< *ʿaks*

(80) に示した語幹は全て後舌母音を含むが，接尾辞内の母音や挿入母音といった交替母音は全て前舌母音になっている。/saat/ “時計” を例に取ると，語幹内の母音は後舌母音の /a/ であるため，接尾辞内の交替母音が後舌母音になることが予測される。しかし，交替母音は前舌母音の [i] や [e] になっている。これらの例外的語彙の多くは，おおむね下の (81) に示す音韻論的特徴のうち，少なくとも 1 つをもっている。

(81)　a. /l^j/ が語幹の最終母音に後続する (/gol^{j}f/ など)。

b. /r^j/ が語幹の最終母音に後続する (/har^{j}p/ など)。

c. /(C)aCC/ という音連続をもち，末尾の子音連続が，i. 共鳴音 + 阻害音 ((69a))，ii. 無声摩擦音 + [－継続性] をもつ阻害音 ((69b))，iii. k+s ((69c)) のいずれにも当てはまらない (/va<u>kt</u>/ など)。

d. 末尾が /at/ で終わる (/sa<u>at</u>/ など)。

[c, d は Lewis 2000: 18 より引用，筆者が一部修正]

アラビア語由来の例外は (81) の特徴のうちどれかをもつ。フランス語や

イタリア語由来の例外は（81a）の特徴のみもつ[17]。

これらの例外はいずれも「語幹の最終母音は後舌母音だが，交替母音は前舌母音になっている」という点で例外になっている。これとは逆の，「語幹の最終母音は前舌母音だが，交替母音は後舌母音になっている」という例外は存在しない（(82)）。

（82）「舌の前後の調和」の例外としてあり得るパターン

	語幹の最終母音	交替母音
例外パターン 1：存在しない	前舌	後舌
例外パターン 2：存在する	後舌	前舌

Clements and Sezer（1982）によれば，老年層の発話においては，ごくごく少数ではあるが，下の（83)-i に示すような，パターン 1 に該当する語彙が認められることがあるという。しかし，彼らが実際にトルコ語母語話者（university-aged と書かれているので，若年層と考えられる）を対象に調査したところ，母語話者は「舌の前後の調和」規則に従って，前舌母音を含む接尾辞を接辞させたと述べている[18]。筆者のコンサルタントも同様に「舌の前後の調和」規則に従って前舌母音を含む接尾辞を接辞させた。そのため，本書では (83)（正確には（83)-ii）に示す語幹は「舌の前後の調和」の例外ではないと考える。

[17] Lewis（2000: 17），及び Clements and Sezer（1982）によれば，アラビア語由来で，末尾が /k/ である語彙も「舌の前後の調和」の例外になるという（例：/idraak-I/ [idraːki]“尿を”，/infilaak-I/ [infilaːki]“爆発を”）。しかし，筆者のコンサルタントは，母音調和した形式の方が文法的であるとした（例：/idrak-I/ [idraɯ]，/infilak-I/［infilaɯ]）。そのため，これらは例外ではないと考える。また，Clements and Sezer（1982）のデータでは /k/ の直前の母音は長母音であったが，筆者のコンサルタントは /k/ の直前の母音を短母音で発音した（/k/ は母音間に挟まれ，かつ直前の母音が短母音である場合削除される）。

[18] 仮に，（83）の語彙がパターン 1 を示すとして，それを本書の提案する母音調和規則で説明するならば，これらの語彙の末尾にある /k/ が VPlace 内に［舌背音性］をもっており，それが拡張すると考えることになるだろう。

（83）

	i. Clements and Sezer（1982）の老年層の発話データ	ii. 筆者のデータ	
	語幹-ACC	語幹-ACC	
a.	ʃevk-ɯ	ʃevk-i	“欲望” ァ < *shawq*
b.	sevk-ɯ	sevk-i	“送付” ァ < *sawq*
c.	tasdiːk-ɯ	tasdiːk-i	“確認” ァ < *taṣdīq*
d.	fevk-ɯ	fevk-i	“上位” ァ < *fawq*

［(83)-i は Clements and Sezer 1982: 242（67）より抜粋］

3.3.4.「舌の前後の調和」の例外に対する Clements and Sezer（1982）と Levi（2001）の分析

上の（80）のような例外的語彙を扱った先行研究として Clements and Sezer（1982）と Levi（2001）が挙げられる。ここでは彼らの分析を紹介し，その問題点を指摘する。

3.3.4.1. 子音のもつ［舌頂音性］の拡張

Clements and Sezer（1982）と Levi（2001）は，こういった例外的語彙の多くが，/l^j/ や /r^j/ のような硬口蓋音性をもつ子音を含むこと，さらにそれらの子音が語幹の最終母音に後続することに着目する。彼らはこの硬口蓋音性をもつ子音が「舌の前後の調和」に関与することにより，「舌の前後の調和」の例外が生じると考える。Clements and Sezer（1982）は「舌の前後の調和」に関与する硬口蓋音性をもつ子音として，/l^j, k^j, r^j/ をあげている（硬口蓋性をもつ子音には /g^j/ もあるが，これは母音調和に関与していると考えられる語例がない）。/l^j, k^j, r^j/ は（84）に示すようにそれぞれ硬口蓋音性をもっていない /l, k, r/ と対立があり，音素として認められる[19]。

（84）　a. sol　“左”　sol^j　“ソの音”
　　　b. kar　“雪”　k^jar　“利益”

[19] /g^j/ については疑似ミニマルペアが存在する。[**g**^{j}avur]“異教徒”vs. [**g**az]“ガス”

c. harp “ハープ” har^{j}p “戦争”

［Clements and Sezer 1982: 233（37）より引用，表記を筆者が一部修正］

硬口蓋音性をもっているということは前舌母音に近い性質をもっているということになる。そこで，Clements and Sezer（1982）は，/l^j, k^j, r^j/ は［－後舌性］をもっており，それが拡張した結果，交替母音が前舌母音になるとしている。一方 Levi（2001）は分析対象を /l^j/ に限定し，/l^j/ が，後続母音に拡張することが可能な［舌頂音性］（Clements and Sezer 1982 の［－後舌性］と同様の素性）をもつと仮定する。さらに，それが拡張した結果，交替母音が前舌母音になるとしている。つまり，どちらも子音がもつ素性が拡張するという分析を展開しており，彼らの分析はおおむね（85）のように表せる。

（85） 例：/sol^j -In/ [sol^j**y**n] ソの音-GEN

i. 基底形 → ii. 拡張 → iii. 音声形

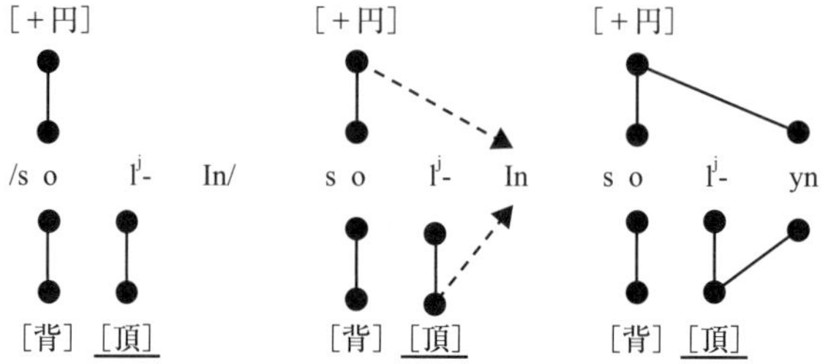

（85）では，/o/ が［舌背音性］をもち，/l^j/ が［舌頂音性］をもっている。交替母音にとっての，直前に位置する，舌の前後に関わる素性は /l^j/ がもつ［舌頂音性］であるので，これが交替母音に拡張する。そのため，/o/ の［舌背音性］が交替母音に拡張することはない（/o/ のもつ［＋円唇性］は交替母音が /I/ の場合，（85)-iii に示すように拡張することになる)。しかし，［舌頂音性］という素性は例えば /t/ や /l/ などの歯茎音，/j/ といった硬口蓋音ももつ。下の（86）に示すように，/l^j, k^j, r^j/ 以外の子音がもつ［舌頂音性］は交替母音に拡張しない。そのため，Levi（2001）のような［舌頂音性］を仮定する分析においては，「舌の前後の調和」規則により交替母音に拡張する［舌頂音性］と，拡張しない［舌頂音性］を区別する必要がある。

（86）　a. /jaj/　　　“弓”

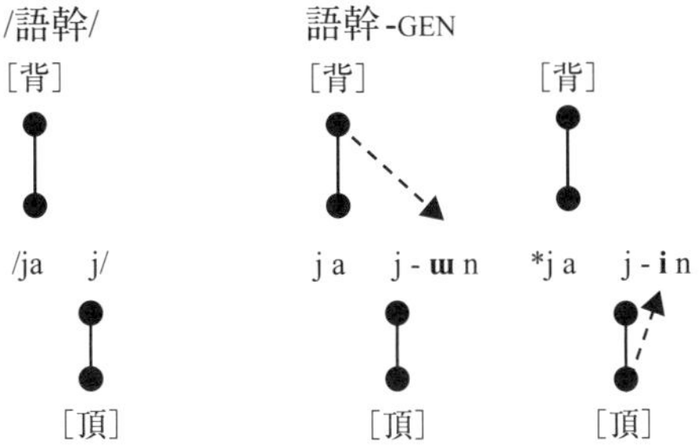

b. /sol/　　　“左”

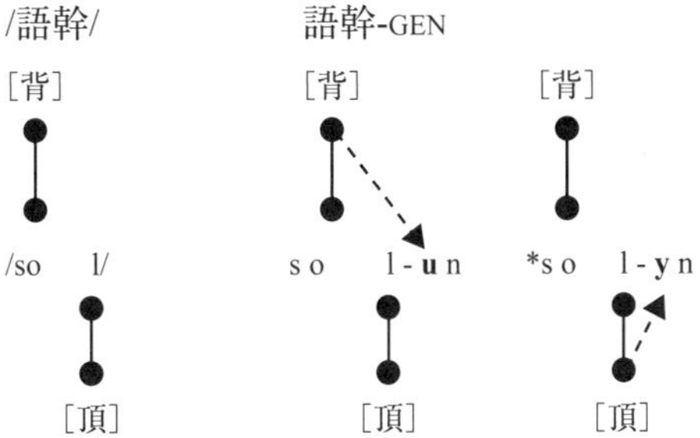

Levi（2001）では，これらを区別するために，Clements and Hume（1995）が仮定するようなVPlace，CPlaceという節点をもつ素性階層を取り入れている。VPlaceはCPlaceの下位に位置する節点で，母音，もしくは硬口蓋化などの副次調音をもつ子音がもつ節点である（(87a, b)）。一方で，それ以外の分節音，すなわち，副次調音をもたない子音はCPlaceのみをもつことになる（(87c)）。

(87)　a. 母音　　b. 副次調音を　　　　　　　　c. 副次調音を
もつ子音　　　　　　　　　もたない子音

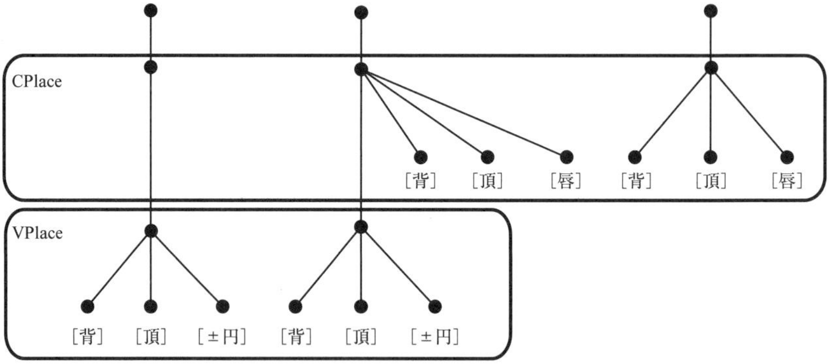

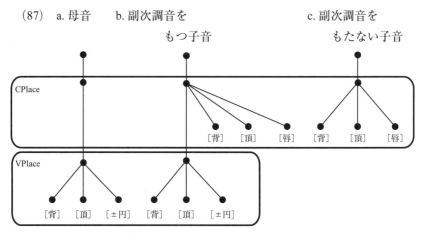

※　Clements and Hume（1995）の想定では，CPlace と VPlace の間には母音性（vocalic）という節点が存在しているが，それは本書での議論に関わらないため省略した。

このような仮定のもと，Levi（2001）は，/l^j/ は VPlace 内に［舌頂音性］をもつと考える。また，下の（88）に示すように，その舌頂音性が交替母音に拡張することで交替母音が前舌母音になると考える。

(88)　例：sol^j-yn　ソの音-GEN

a. /l^j/ の表示

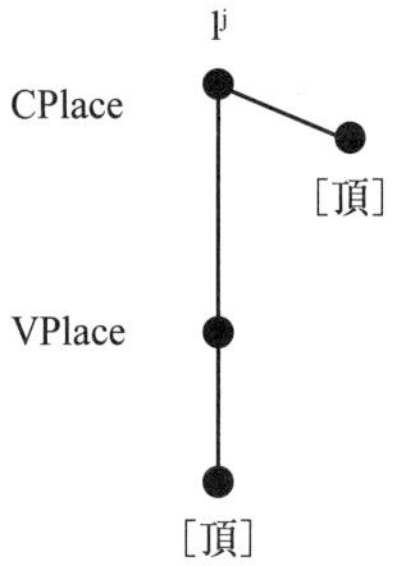

b. /l^j/ の［舌頂音性］の拡張

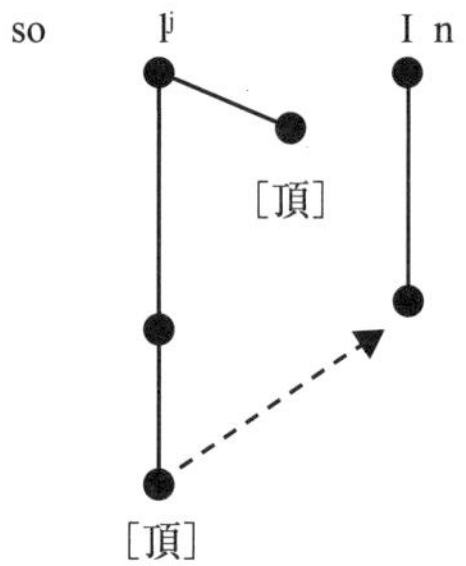

また，下の（89）に示すように「舌の前後の調和」に関与しない舌頂子音がもつ［舌頂音性］はCPlace内にあり，それはVPlaceには拡張できないため，「舌の前後の調和」に関与しないと考える。

（89）　例：jaj-**ɯ**n　　弓-GEN

a. /j/ の表示　　　　　　　b. /a/ の［舌背音性］の拡張

Levi（2001）は，対象を $/l^j/$ に限定していた。その一方で，Clements and Sezer（1982）では $/l^j, k^j, r^j/$ を対象とし，これらは全て［－後舌性］（すなわち［舌頂音性］）をもつと仮定する。上の（80b）で示した /vakt/ のような /k/ を含む語幹についても，この語幹の /k/ は基底の段階では硬口蓋化している $/k^j/$ で，それがもつ［－後舌性］が交替母音に拡張するため，交替母音が前舌母音になるとしている。

（90）　i. 基底形　→　　　ii. 母音挿入，母音調和　→　　　iii. 音声形

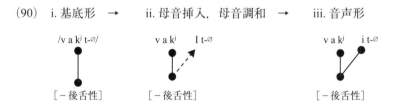

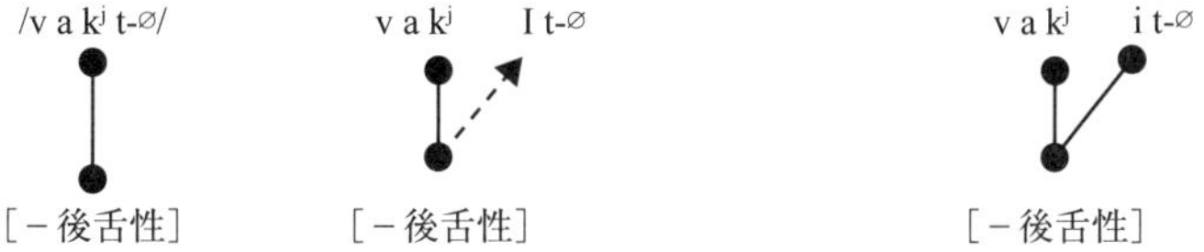

しかし，$/r^j/$ や $/l^j/$ と異なり，この $/k^j/$ は，[va**k**.tin] のように音節末に現れる際には $[k^j]$ ではなく [k] として実現する（$/r^j/$ や $/l^j/$ は常に硬口蓋性をもって実現する）。Clements and Sezer（1982）では，これは下の（91）のような規則によって［－後舌性］が削除されるためだとしている。

(91)　音節末阻害音のもつ［－後舌性］を削除せよ。

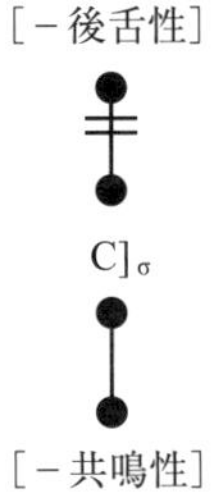

［Clements and Sezer 1982: 240（59）］

(92)　(91) を仮定した際の派生の例

i. 基底形	→	ii. 母音調和，音節化	→	iii. (91) の規則	→	iv. 音声形
/vakʲt-In/		vakʲ.t-in		vak.t-in		[vak.tin]

3.3.4.2. Clements and Sezer（1982）と Levi（2001）の問題点

Clements and Sezer（1982）と Levi（2001）の分析をまとめると，「舌の前後の調和」規則の例外にみえる語彙では，実は /lʲ, kʲ, rʲ/ が「舌の前後の調和」に関与しているため前舌母音が現れるのだと考えている。しかしながら，(93) に示すように，/lʲ, rʲ, kʲ/ を含まない語幹も「舌の前後の調和」規則の例外になり得る。これらの語幹は彼らの分析では説明できない。

(93)

/語幹/	語幹-∅		語幹-GEN		
/ba**h**s/	bah**i**s	*bah**ɯ**s	bahs-**in**	*bahs-**ɯn**	"議論" ア < *baḥth*
/ha**dʒ**m/	hadʒ**i**m	*hadʒ**ɯ**m	hadʒm-**in**	*hadʒm-**ɯn**	"量" ア < *ḥajm*
/a**z**m/	az**i**m	*az**ɯ**m	azm-**in**	*azm-**ɯn**	"決意" ア < *'azm*
/ha**p**s/	hap**i**s	*hap**ɯ**s	haps-**in**	*haps-**ɯn**	"刑務所" ア < *ḥabs*
/saa**t**/	saːt		saːt-**in**	*saːt-**ɯn**	"時計" ア < *sā'at*

/vaa**d**/	va:t	va:d-**in**	*va:d-**ɯ**n	“誓い” ア < *wa'd*

これらは，Clements and Sezer（1982）や Levi（2001）のように，語幹の最終母音に後続する子音（(93) で太字で示した子音）が基底形において硬口蓋化していると仮定し，それがもつ［舌頂音性］（もしくは［－後舌性］）が交替母音に拡張すると考えれば説明可能かもしれない（そう仮定した場合の派生を下の（94）に示す）。

（94）　例：/ba**h**^{j}s/ “議論”（/h/ は硬口蓋化していると仮定）

a. /ba**h**^{j}s-∅/ の派生

i. 基底形　　→　　ii. 母音挿入，「舌の前後の調和」

b. /ba**h**^{j}s-In/ の派生

i. 基底形　　→　　ii.「舌の前後の調和」

しかし，そのように考えると，下の（95）に示す語彙との差異が問題になる。(95) に示す語彙では，(93) 内の太字の子音が交替母音の直前にあるが，交替母音は母音と「舌の前後の調和」を起こし，後舌になっている。

(95)		/語幹/	語幹-GEN	
a.	/h/	/saba**h**/	sab**ah**-**ɯ**n, *sab**ah**-**in**	“朝”
b.	/ʤ/	/sa**ʤ**/	s**a**ʤ-**ɯ**n, *s**a**ʤ-**in**	“鉄板”
c.	/z/	/ka**z**/	k**a**z-**ɯ**n, *k**a**z-**in**	“ガチョウ”
d.	/p/	/sa**p**/	s**a**p-**ɯ**n, *s**a**p-**in**	“柄”
e.	/t/	/a**t**/	**a**t-**ɯ**n, ***a**t-**in**	“馬”

f.　/**d**/　/a**d**/　**ad-ɯn**, ***ad-in**　“名前”

Clements and Sezer（1982）や Levi（2001）に従う形で（93）と（95）の差異を説明しようとすると，(93) 内の太字の子音は硬口蓋化した，［舌頂音性］をもつ子音（/C^{j}/）で，(95) 内の太字の子音は硬口蓋化していない子音（/C/）と考える必要がでてくる。しかし，そのように考えると，ミニマルペアなどの証拠がないにもかかわらず，下の（96）に示すように大量の音素（硬口蓋化した子音と硬口蓋化していない子音）がトルコ語にあるということを仮定しなければならない[20]。

(96)[21]

a.　/ba**h**^{j}s/　vs.　/saba**h**/　→　/h^{j}/ vs. /h/

b.　/ha**ʤ**^{j}m/　vs.　/sa**ʤ**/　→　/ʤ^{j}/ vs. /ʤ/

c.　/a**z**^{j}m/　vs.　/vaa**z**/　→　/z^{j}/ vs. /z/

d.　/ha**p**^{j}s/　vs.　/sa**p**/　→　/p^{j}/ vs. /p/

e.　/saa**t**^{j}/　vs.　/a**t**/　→　/t^{j}/ vs. /t/

f.　/vaa**d**^{j}/　vs.　/a**d**/　→　/d^{j}/ vs. /d/

他にも，Clements and Sezer（1982）では，例えば /vakt/ の /k/ は基底形においては /k^{j}/ であると主張しているが，この考えを傍証できるような事実はない。もちろん語幹-∅などの場合，/k/ は確かに [k^{j}] で実現し [vak^{j}it] となるが，

---

[20] Altun（2012）では，アラビア語由来の借用語について，なぜ「舌の前後の調和」の例外的語彙が生じたのか，通時的な要因を探っているが，そこでは，(93) の語彙は，借用されて間もない頃は硬口蓋化した子音（［舌頂音性］をもつ子音）を含んでおり，それが「舌の前後の調和」に関与していたため，交替母音が前舌になると述べている。Altun（2012）が正しいとすると，(96) のような対立が以前はあったのかもしれないが，現在のトルコ語においては，その対立は失われていることになる。

[21] Lewis（2000: 18）によれば，(96) に示した語幹のうち，/(C)aCC/ 語幹のものにおいては，交替母音の前舌化には，語幹末の子音がもつ前舌性が影響を与えているという。Lewis（2000: 18）の主張が正しければ，挿入母音に対しては，通常の母音調和とは異なり，逆行同化がおき，挿入母音が前舌化することになる（例：/bah**s**/ → /s/ が挿入母音を前舌化させる→ [bah**is**]）。一方の Altun（2012）は，末尾の子音が前舌性をもつと考える点は Lewis（2000: 18）と同じだが，通時的変化とともに，それが先行する子音（/bahs/ であれば /h/）に移ったとしている。語幹末の子音が母音調和に影響を与えているとしても，大量の音素を仮定しなければならないという問題は依然として変わらない。

これは直後に /i/ があるためそれによって /k/ が硬口蓋化していると考えることができる[22]。また，Clements and Sezer（1982）では，/kʲ/ が音節末においては [va**k**.tin] のように [k] になることに対して，上の（91）に示した［－後舌性］を削除する規則により説明を与えようとしている。しかし，この規則はアドホックである。なぜ音節末において［－後舌性］が削除されなければならないのか，なぜ，共鳴音のもつ［－後舌性］は音節末では削除されず，阻害音のもつ［－後舌性］のみ削除されるのか，という疑問に対する妥当な説明を与えることを Clements and Sezer（1982）はしていない。

彼らの分析，及び問題点を子音ごとにまとめると，下の（97）のようになる。

（97）

	Clements and Sezer（1982）	Levi（2001）
a. /lʲ/	［－後舌性］の拡張	VPlace 内の［舌頂音性］の拡張
b. /rʲ/	［－後舌性］の拡張	分析対象外（ただし /lʲ/ と同様の分析をすることが可能）
c. /kʲ/	［－後舌性］の拡張（傍証できる事実がない。また，（91）の規則はアドホックである）	分析対象外
d.（93）で太字で示した子音	［－後舌性］の拡張（大量の音素があることを仮定する必要が出てくる）	分析対象外

※分析の対象外となっているもの，あるいは分析に問題点がある場合には網掛けを施した。

[22] トルコ語では /k, g, l, r/ は前舌母音を含む音節内では硬口蓋化して [kʲ, gʲ, lʲ, rʲ] となる。Clements and Sezer（1982）では，これは核音である前舌母音のもつ［－後舌性］（［舌頂音性］）を /k, g, l, r/ に拡張させる規則（硬口蓋化規則）によって起きると考えている。本書では前舌母音のもつ［舌頂音性］がデフォルト規則により付与される場合があると仮定するので，デフォルト規則が適用されてから硬口蓋化規則が適用されると考えることになる。ただ，デフォルト規則については Kabak（2007）のように派生の最後の段階で適用されると考える立場がある。この立場では，デフォルト規則適用後に硬口蓋化規則が適用されるとは考えられないことになる。派生の最後の段階でデフォルト規則が適用されるとする立場に立つならば，硬口蓋化規則を仮定せずに，「/k, g, l, r/ は，前舌母音と同一音節内にある場合，VPlace に［舌頂音性］という素性指定を受ける」とするような余剰規則を仮定することになる。この余剰規則はデフォルト規則によって前舌母音に［舌頂音性］が付与された後に適用される。デフォルト規則適用後に余剰規則が適用されるとする考えは Ewen and Hulst（2001）にもみられ，特異なことではないと考えられる。

（97a）の /l^j/ については，Clements and Sezer（1982）と Levi（2001）の両方がほぼ同じ分析をしている。また，（97b）の /r^j/ に関して Levi（2001）は何も述べていないが，（97a）と同様に，/r^j/ も VPlace 内に［舌頂音性］をもち，それが拡張すると分析することが可能である。（97c）の /k^j/ は Clements and Sezer（1982）では分析を試みているが，基底形が /k^j/ であることを傍証できるような事実がないこと，及び（91）の規則がアドホックであることが問題として残る。また，（97d）に示すように，（93）で示した語彙については，Clements and Sezer（1982）の分析では大量の音素を仮定しなければならない。（97c）と（97d）に関して Clements and Sezer（1982）の分析で生じる問題は，Levi（2001）の VPlace を仮定する分析でも起きると考えられる。本書では，問題点のない（97a, b）については Clements and Sezer（1982），及び Levi（2001）と同様の分析を取る。ただし，本書では［－後舌性］という素性は仮定していないので，Levi（2001）のような［舌頂音性］と VPlace を仮定する分析を取ることになる。また，分析対象外としている，もしくは問題点が残る（97c, d）については異なる分析をとることにする。次節ではその異なる分析について議論する。

3.3.5. Kabak（2007）のデフォルト規則と本書の仮定

本節では，（97c, d）が「舌の前後の調和」規則の例外になっていることに説明を与えるために，Kabak（2007）で仮定されているデフォルト規則を改訂した分析を取り入れる。本節ではまた，「舌の前後の調和」規則の適用・不適用に基づいて語彙がレキシコンにおいて区別されていることを示す。

Kabak（2007）は Lahiri（2000）が述べるように，トルコ語の前舌母音がもつ［舌頂音性］は基底では未指定になっていると仮定し，［舌頂音性］は下の（98）のデフォルト規則によって付与されるとしている。

（98） デフォルト規則

舌の前後に関する素性（［舌頂音性］もしくは［舌背音性］）の指定が VPlace 内にない場合，［舌頂音性］を指定せよ。

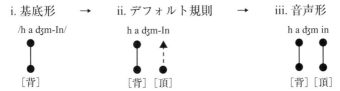

※この規則は Kabak（2007）をもとに筆者が提案するものである[23]。

また，本書では，下の（99）に示すように，「舌の前後の調和」規則の適用・不適用に基づいて語彙がレキシコンにおいて区別されていると考える。（97c）と（97d）に示した語彙は「舌の前後の調和」規則が適用されない語彙に相当する（（99b）に相当）。

（99）レキシコン内での語彙の区別

	a. 適用される語彙	b. 適用されない語彙
「舌の前後の調和」規則	/sap/, /kuz/, /on/, /tuz/	/saat/, /vaad/, /vakt/, /hadʒm/

（99b）の語彙は全て後舌母音を含んでいるが，これらは「舌の前後の調和」規則が適用されない語彙であるため，これらがもつ後舌母音の［舌背音性］は後続する交替母音に拡張しない。つまり，交替母音は［舌背音性］の拡張を受けないため，下の（100a)-ii に示すように，デフォルト規則により［舌頂音性］が付与され，前舌母音となると考える。

（100）例：/h**a**dʒm/　/a/ のもつ［舌背音性］は拡張しない。

a. 実際の /hadʒm-In/（量-GEN）の派生

i. 基底形　→　ii. デフォルト規則　→　iii. 音声形

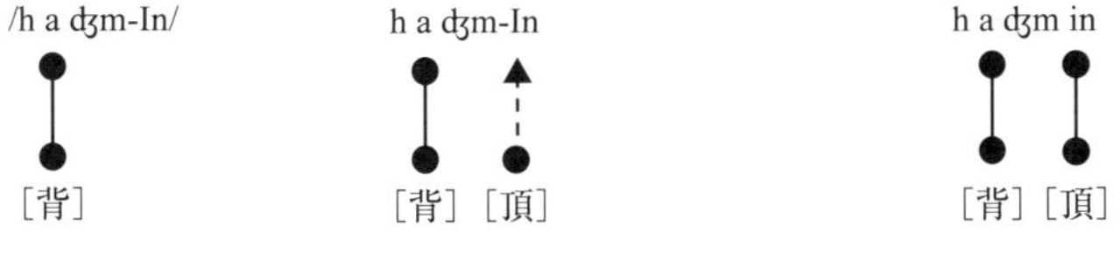

[23] Kabak（2007）ではさらに，［高舌性］も未指定であるとしているが，本書ではこの仮定は大きく関わってこないため，基底の段階から［高舌性］は指定されているとする。また，Kabak（2007）では VPlace, CPlace の区別をしていない。ここでは Kabak（2007）の規則に VPlace を加える形で改定を施し，新たな規則を提案した。

b. 誤った /hadʒm-In/（量-GEN）の派生

i. 基底形　→　ii.「舌の前後の調和」　→　iii. 音声形

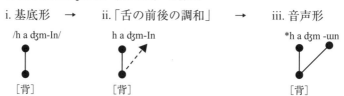

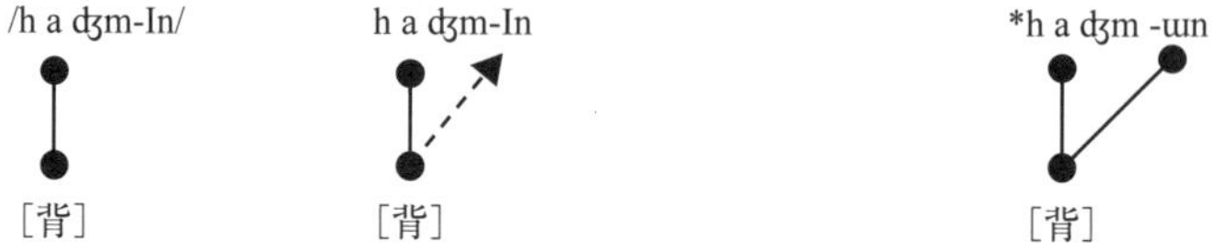

このように本書では Kabak（2007）で提案されたデフォルト規則を取り入れた分析をとるが，本書では Kabak（2007）とは異なる仮定をする部分がある。Kabak（2007）では［舌頂音性］は全てデフォルト規則により付与されるので，［舌頂音性］の拡張を仮定しない。Kabak（2007）のこの仮定に立つと，母音調和は下の（101）に示すような派生を経る。

（101）a. 前舌母音を含む語幹における母音調和

例：/jUz-In/　**[jyzyn]** 顔-GEN

i. 基底形　→　ii. 拡張　→　iii. デフォルト規則　→　iv. 音声形

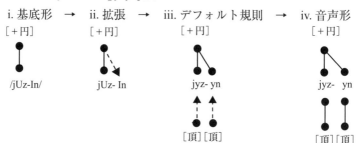

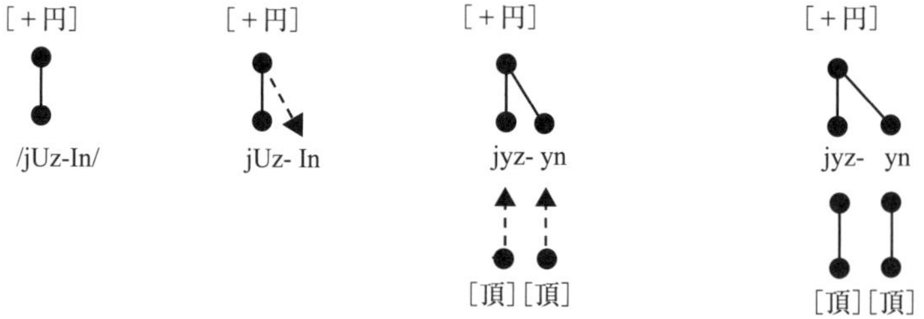

※ /U/ というのは［＋円唇性］と［高舌性］のみが指定されている母音音素のことを表す。

b. 後舌母音を含む語幹における母音調和

例：/tuz-In/　[**tuzu**n] 塩-GEN

i. 基底形　→　ii. 拡張　→　iii. 音声形

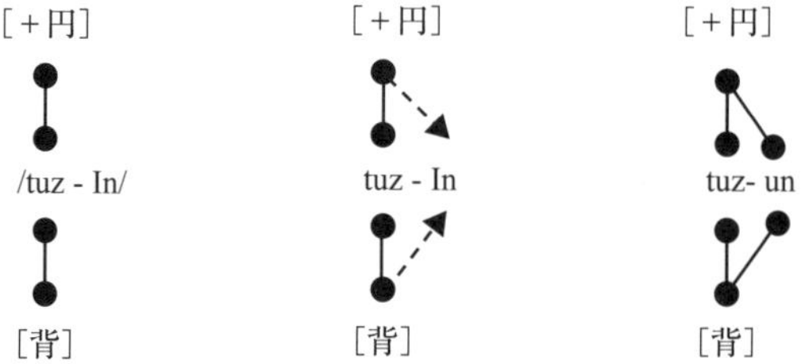

(101a) のように，前舌母音を含む語幹の場合，前舌母音がもつ［舌頂音性］は未指定になっているので，そもそも拡張が起きない。前舌母音の［舌頂音性］はデフォルト規則により付与される（一方で，(101b) のように，後舌母音を含む語幹の場合，後舌母音がもつ［舌背音性］が拡張する)。

このように Kabak (2007) では［舌頂音性］の拡張を仮定していないのであるが，本書では，［舌頂音性］の拡張を仮定する立場をとる。

(102) Kabak (2007) と本書の相違点
Kabak (2007)：［舌頂音性］の拡張を仮定しない。
本書：［舌頂音性］の拡張を仮定する。

以下の 3.3.6. 節では，本書で提案する母音調和規則を定式化する。また，なぜ Kabak (2007) と異なる仮定をするのかについて述べる。

3.3.6. 本書で提案する母音調和規則と Kabak (2007) の問題点

本書で提案する母音調和規則は (103) に示すものである。

(103) 母音調和規則（最終版）

a.「舌の前後の調和」規則
舌の前後に関する素性が未指定になっている母音 (/I, A/) に直前の分節音がもつ VPlace 内の［舌頂音性］または［舌背音性］を拡張せよ。

b.「唇の調和」規則
［±円唇性］が未指定になっている母音 (/I/) に直前の母音がもつ［±円唇性］を拡張せよ[24]。

それぞれ図式化すると (104) のようになる。

[24] 本書の仮定する素性階層では［±円唇性］は VPlace 内のみにあるので，「舌の前後の調和」規則のように「VPlace 内の」と制限する必要はない。

（104） a.「舌の前後の調和」規則

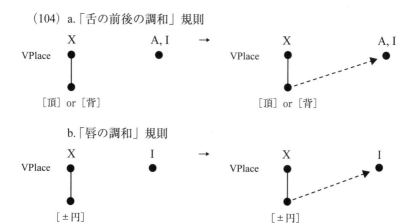

b.「唇の調和」規則

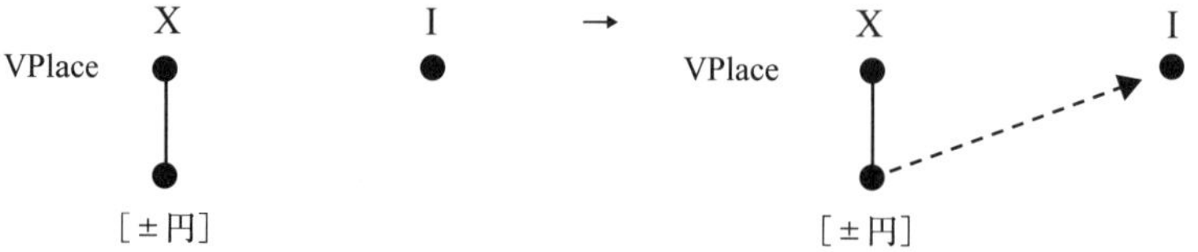

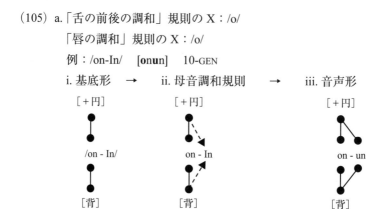

※ X は VPlace 内に［舌頂音性］，［舌背音性］，［±円唇性］のいずれかをもつ分節音を表す。

具体例とともに派生を示すと（105）のようになる。

（105） a.「舌の前後の調和」規則の X：/o/

「唇の調和」規則の X：/o/

例：/on-In/　[**o**n**u**n]　10-GEN

i. 基底形　→　ii. 母音調和規則　→　iii. 音声形

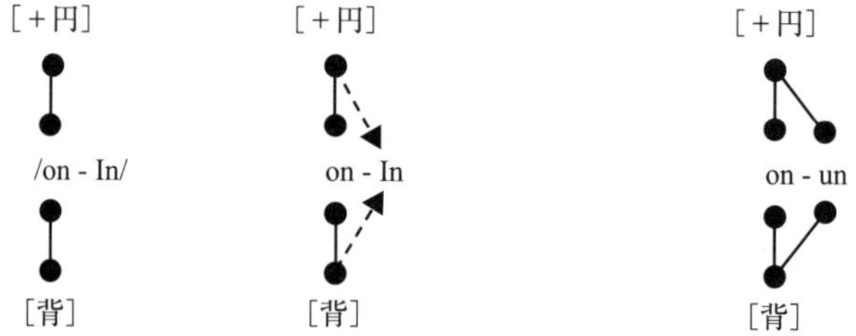

b.「舌の前後の調和」規則の X：/y/

「唇の調和」規則の X：/y/

例：/jyz-In/　**[jyzyn]**　顔-GEN

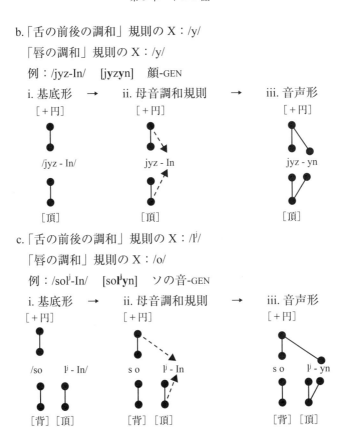

i. 基底形　→　ii. 母音調和規則　→　iii. 音声形

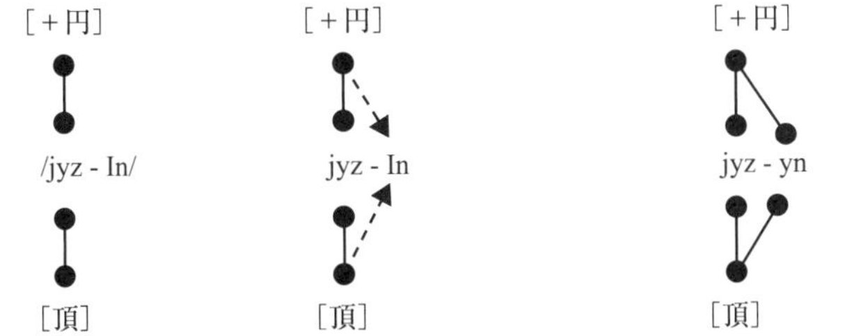

c.「舌の前後の調和」規則の X：/l^j/

「唇の調和」規則の X：/o/

例：/sol^j-In/　**[sol^jyn]**　ソの音-GEN

i. 基底形　→　ii. 母音調和規則　→　iii. 音声形

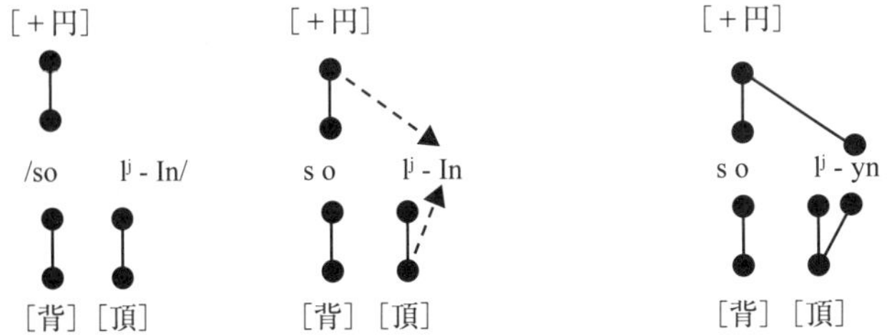

前節でも述べたように，Kabak（2007）では，上の（105a）のような，［舌背音性］の拡張は仮定しているが，上の（105b, c）のような［舌頂音性］の拡張は仮定していない。本書では次節以降議論するように，［舌背音性］が基底の段階から存在し，それが拡張すると仮定する方が妥当だと考えるため，（105b, c）のような拡張も起こると考える。

以下の 3.3.6.1. 節では，Kabak（2007）の分析を紹介し，なぜ本書で Kabak（2007）と異なり［舌頂音性］の拡張を認めるのかを示す。また，今後の課題について述べる。なお，3.3.6.1. 節及び，3.3.6.2. 節では母音調和に関する細かい議論を行うため，トルコ語の語彙グループに興味がある方は読み飛ばしていただいて構わない。

3.3.6.1. Kabak（2007）の仮定と本書の仮定の相違点
――その１　/l^j/ と /r^j/ に関して――

3.3.6.1.1. Kabak（2007）の仮定

Levi（2001）では，/sol^j/ のような，最終母音に /l^j/ が後続している語幹を取り上げ，それらの語幹に前舌母音を含む接尾辞が後続するのは，/l^j/ がもつ［舌頂音性］が拡張するためだと考えている（Clements and Sezer 1982 では /r^j/ についても同様の分析を行っている）。Kabak（2007）では，Levi（2001）のような分析があることに言及しつつも，/sol^j/ のような語幹に前舌母音を含む接尾辞が後続することはデフォルト規則でも捉えられると述べ，どちらの分析が妥当かは今後の課題だとしている。確かに Kabak（2007）の言う通り，/sol^j/ のような語幹に前舌母音を含む接尾辞が後続することは，下の（106）に示すようにデフォルト規則を仮定しても説明可能である（/r^j/ が最終母音に後続する語幹についても同じくデフォルト規則で捉えられる）。

（106）例：sol^j-yn　ソの音-GEN

i. デフォルト規則　→　ii. 音声形

しかし，本書では Kabak (2007) の考えを退ける。その根拠を以下の 3.3.6.1.2. 節で述べる。

3.3.6.1.2. 本書の仮定

本書では「デフォルト規則の可能性もある」とする Kabak（2007）の考えを退け，（107）に示す仮定をする。

（107）/l^j/ や /r^j/ は VPlace 内に［舌頂音性］をもち，その［舌頂音性］は（103a）の「舌の前後の調和」規則により交替母音に拡張する。

（107）のように仮定する理由は，*[sol^j-u] のように，/l^j/ や /r^j/ が交替母音に［舌頂音性］を拡張できるにもかかわらず，拡張していない語例が存在しないからである。Lewis（2000: 17-18）は，母音調和の例外になる語彙がもつ特徴をいくつか挙げている。その一つに，上の（81d）にも示したように，「末尾が /at/ である」という特徴がある。この特徴をもった例外は全てアラビア語由来である。アラビア語には，“ة”（*Tā' marbūṭah*, 閉じた *t*）と呼ばれる女性形を表す “*t*” というものがある。これは，アラビア語において，通常 [a] と発音されるが，母音が後ろに後続した場合のみ [at] と発音される。Lewis（2000: 8, 18）によれば，アラビア語において末尾の “*t*” がこの「閉じた *t*」であったものが母音調和に従わない語彙だという。しかし，「閉じた *t*」であったものが必ず例外になるというわけではなく，下の（109）に示すように，「舌の前後の調和」規則に従っている語彙が存在する。

（108）末尾が /at/ であり，「舌の前後の調和」の例外になっている語彙

	語幹-GEN	
/dikk**at**/	dikkat-**i**n, *dikkat-**ɯ**n	“注意” ァ < *diqqat*
/sa**at**/	saːt-**i**n, *saːt-**ɯ**n	“時計” ァ < *sā'at*

（109）末尾が /at/ であるが，「舌の前後の調和」の例外になっていない語彙

語幹	語幹-GEN	
/rah**at**/	rahat-**ɯ**n, *rahat-**i**n	“安心” ァ < *rāḥat*
/san**at**/	sanat-**ɯ**n, *sanat-**i**n	“芸術” ァ < *ṣan'at*

※（108）と（109）は Lewis（2000: 18）から引用。なお，（108）と（109）に示す語彙の末尾の /t/ が「閉じた *t*」であることは Nişanyan（2002）で確認した。

仮に，「語幹の最終母音に /lʲ/ や /rʲ/ が後続している」という特徴が「末尾が /at/ である」という特徴と並行的なもの，すなわち例外的語彙がもちえる単なる特徴の 1 つであった場合，上の（109）のような，「例外的語彙がもつ特徴をもちつつも，例外になっていない語彙」が存在することが予測されるが，実際にはそういった語彙は確認されていない。まとめると下の（110）のようになる。

（110）

語彙 特徴	「舌の前後の調和」の例外になっている語彙 （＝交替母音が前舌になる語彙）	「舌の前後の調和」の例外になっていない語彙 （＝交替母音が後舌になる語彙）
末尾が /at/ である	存在する /dikkat/, /saat/	存在する /sanat/, /rahat/
語幹の最終母音に /l^j/ や /r^j/ が後続している	存在する /sol^j/, /gol^jf/, /har^jp/	存在しない

つまり，語幹の最終母音に /l^j/ や /r^j/ が後続している場合，必ず交替母音として前舌母音が現れるので，「語幹の最終母音に /l^j/ や /r^j/ が後続している」という特徴を例外的語彙がもちえる単なる特徴と考えることはできない。むしろ，/l^j/ や /r^j/ が積極的に「舌の前後の調和」に関与するため，必ず前舌母音が現れるのだと考えられる。そのため，本書では /l^j/ や /r^j/ のもつ［舌頂音性］が「舌の前後の調和」に関わると考える。

もちろん，この考えは，仮に，[sol^j-un] のように，/l^j/ や /r^j/ を語幹内に含み，かつ後舌母音が交替母音として現れる語例があれば，否定される。実際，Aktürk-Drake（2010）は，スウェーデン語とトルコ語のバイリンガル話者ではそのような発話が観察されると述べている。

（111）/østermal^jm-I/　　østermal^jm-ɯ~ østermal^jm-i

オステルマルム（スウェーデンの地名）-ACC

Aktürk-Drake（2010）が対象とした話者にはスウェーデン語の影響もありうるため，（111）のような報告をそのままトルコ語のみを母語とする話者に当てはめることはできないが，今後そういった語彙が生じるかどうか観察する必要はあると考えられる。これについては今後の課題としたい。

3.3.6.2. Kabak（2007）の仮定と本書の仮定の相違点
――その２　語幹内の前舌母音の素性指定について――

前節では，/l^j, r^j/ について議論し，それらがもつ［舌頂音性］が拡張すると考えるべき根拠を示したが，本節では前舌母音の［舌頂音性］について議論する。Kabak（2007）では，全ての前舌母音の［舌頂音性］は基底においては未指定になっており，派生の最後の段階でデフォルト規則により付与されると考えている。本書ではこの考えを退け，（112）に示す仮定をする。

（112）前舌母音には基底の段階から［舌頂音性］が指定されている。また「舌の前後の調和」規則により，この［舌頂音性］は交替母音に拡張する。

以下の3.3.6.2.1.節では，Kabak（2007）の仮定の詳細を述べる。3.3.6.2.2.節では，その問題点を指摘し，本書で（112）の仮定をする理由を説明する。ただ，（112）の仮定ではまだ解決しなければならない問題が残っているため，3.3.6.2.3.節では（112）の仮定の問題点を挙げ，今後の課題を述べる。

3.3.6.2.1. Kabak（2007）の仮定

Kabak（2007）は予測可能な素性を極力未指定にする仮定をする。具体的には，i.［舌頂音性］は全て基底形においては，未指定であるとし，ii. 下の（113）に示す，多音節語幹内の交替がない部分における母音調和も，交替母音と同様に規則によって素性が拡張することで実現する，と仮定する[25]。

（113）例：**otuz**“30”

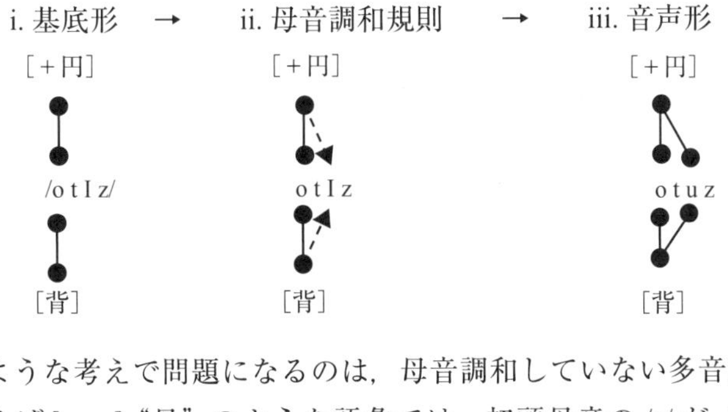

このような考えで問題になるのは，母音調和していない多音節語幹である。例えば[anne]“母”のような語彙では，初頭母音の/a/が［舌背音性］をもち，後続母音の/e/は素性をもたないため，母音調和規則により［舌背

[25] ii. のような仮定はHarrison and Kaun（2001）でもなされている。

音性］が拡張することを予測してしまう。

（114）例：anne“母”

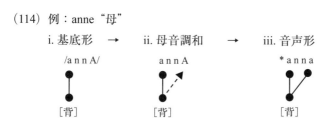

i. 基底形 → ii. 母音調和 → iii. 音声形

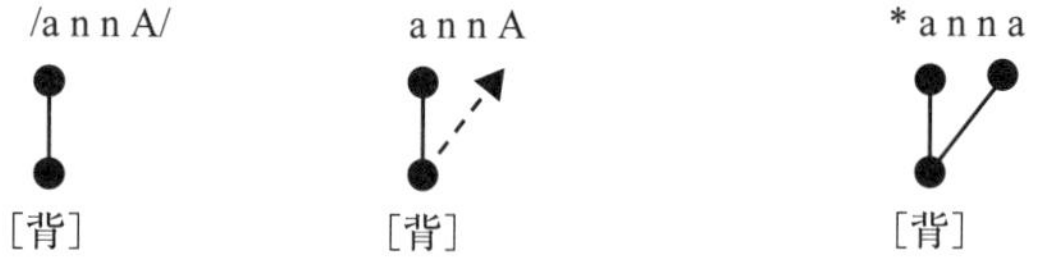

それを防ぐためにKabak（2007）は母音調和していない母音配列をもつ語彙においては，下の（115）に示すように，素性に「拡張できない」ということを示す指定（x）がなされているとしている。

（115）例：anne“母”

i. 基底形 → ii. 母音調和（しない） → iii. デフォルト規則，音声形

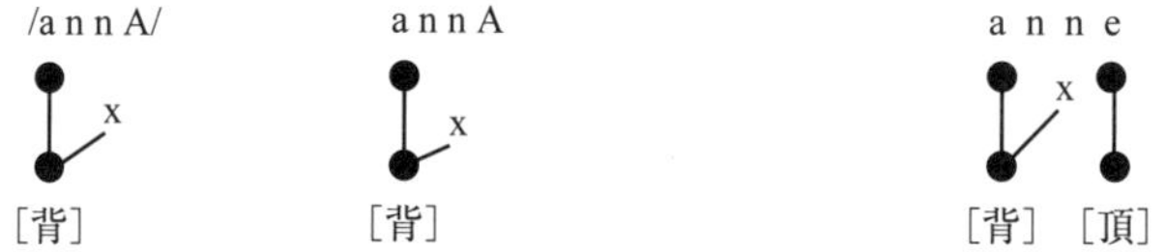

（115）で［舌背音性］の右上にある x は「当該の素性が拡張できない」という指定を表す。この指定がある場合，素性は拡張できない。そのため，母音調和規則が適用された後も，後続母音は素性が未指定になるが，最終的には，デフォルト規則により［舌頂音性］が指定される（(115)-iii)。

3.3.6.2.2. Kabak（2007）の問題点と本書の仮定

Kabak（2007）は，素性が拡張できないことを表すために，便宜的に x のような指定を仮定している。そのため，このような指定の妥当性について，あまり詳しい議論は行っていないのであるが，仮にこのような指定を認めると，複雑な基底構造を認めることになる。例えば，上の（115）だけをみても，下の（116）に示すように［舌背音性］に x という指定がなされている /a/ と［舌背音性］に x という指定がなされていない /a/ の 2 つを仮定する必要がある。

（116）a. /a/　　　　　　b. /a/

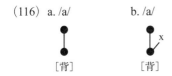

さらに，Kabak（2007）のように，語幹内の交替がない部分における母音調和が拡張によって実現すると考えると，より複雑な基底構造を認める必要がある。例えば /o/ であれば下の（117）に示すように論理的には4つの /o/ がありうることになる。

（117）

	$/o/_1$	$/o/_2$	$/o/_3$	$/o/_4$
［舌背音性］	x 指定あり	x 指定あり	x 指定なし	x 指定なし
［+円唇性］	x 指定あり	x 指定なし	x 指定あり	x 指定なし

$/o/_1$ から $/o/_4$ を含むと考えられる語例を（118）に示す。ただ，$/o/_3$ が含まれていると考えられる語例は調査した限りでは存在しなかった。

（118）a. $/o/_1$　　例：p**o**lis“警察”ｧ＜ *police*

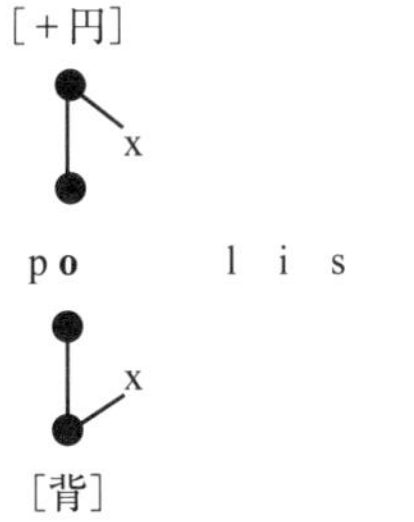

b. $/o/_2$　　例：**o**bys“榴弾砲”ｧ＜ *obus*

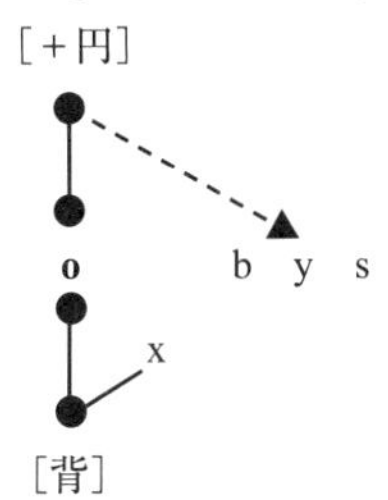

［+円唇性］の拡張のみが起きる。

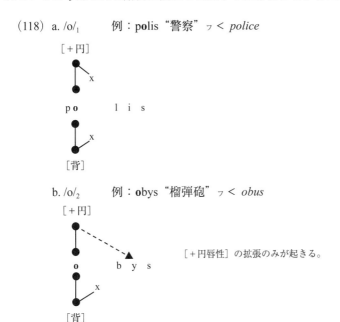

c. /o/$_3$　　語例なし[26]

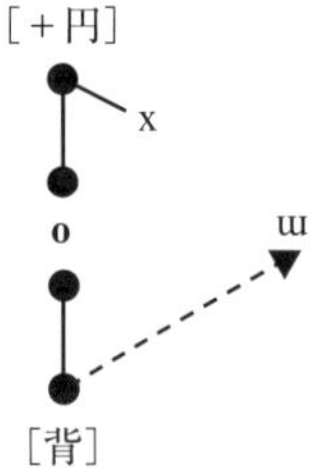

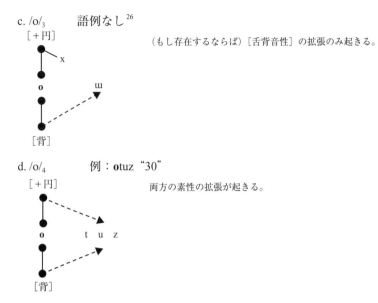

（もし存在するならば）［舌背音性］の拡張のみ起きる。

d. /o/$_4$　　例：**o**tuz “30”

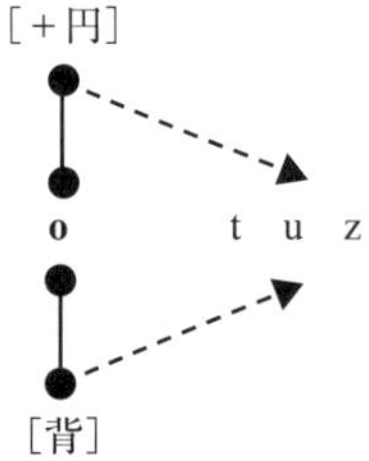

両方の素性の拡張が起きる。

このように，母音調和していない語彙があるたびに，そのつど基底構造を複雑にして説明することになってしまう。予測可能な素性を基底形において未指定にし，基底構造を簡潔にするというのが不完全指定の考えである。しかし，Kabak（2007）の仮定では（素性が未指定になっている部分はあるものの），各素性に x という指定がなされているかどうかを記憶しておかなければならないため，結局基底構造が複雑になってしまう。Kabak（2007）の仮定が支持されるためには，「各分節音に素性を指定する」ことよりも，「各素性に x という指定をする」ことの方が記憶の負担を軽減していることを示さなければならないが，Kabak（2007）はそれを示していない（また，それをどのように示すことができるのかも明らかではない）。

このような理由から，「拡張できない」とする指定（x）が素性になされて

[26] /o/$_3$ を含む語幹は今回調査した限り存在しなかったが，存在したとしてもごく数例に限られると考えられる。固有語はそもそも母音調和に従っていない語彙が少ないので，/o...ɯ/ という「唇の調和」に従っていない母音配列をもつ語彙は少ない。一方で借用語には母音調和に従っていない語彙が存在する。しかし，トルコ語が語彙を借用した言語の中で /ɯ/，あるいはそれに近い母音をもつ言語は少ないので，/ɯ/ を含む /o...ɯ/ という母音配列をもつ借用語も少ないと考えられる（なお，/ɯsrar/ “固執” ァ <*işrār* や /ɯskonto/ “割引” ｯ <*escompte* のように，いくつかの借用語では /ɯ/ がみられる）。

いるという Kabak（2007）の考えを退け，本書では上の（112）に示したように，前舌母音には［舌頂音性］が指定されていると仮定する。

（112）で示した仮定の場合，Kabak (2007) の仮定で起きる問題は起きない。/anne/ を例にとると，/e/ にはすでに［舌頂音性］が指定されていることになる。そのため，仮に語幹内の交替がない部分における母音調和が拡張によって実現すると考えたとしても，/e/ はすでに素性をもつので，拡張が起きないことが正しく予測される[27]。また，[anne] に後続する接尾辞内の交替母音には下の（119）に示すように，/e/ のもつ［舌頂音性］の拡張が起きることになる[28]。

（119）例：anne-ler　母-PL

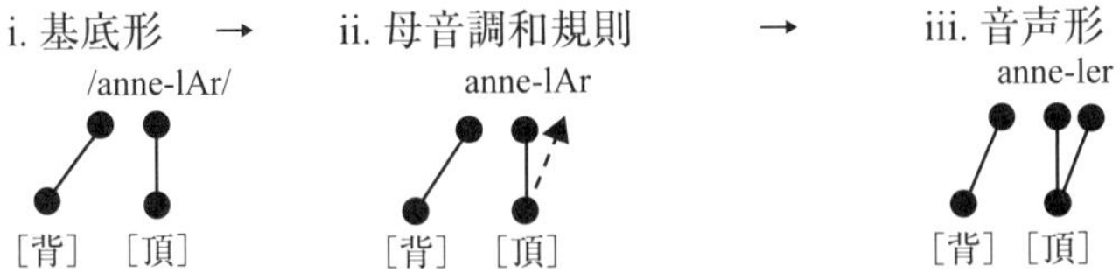

3.3.6.2.3. 前舌母音の［舌頂音性］が指定されているとする仮定の問題点

本書では，前節で述べたような問題から，（112）に示したように，前舌母

[27] 語幹内の交替がない部分における母音調和には 2 つの分析が可能である。一つは i. Kabak（2007）のように，語幹内の交替がない部分における母音調和も拡張によって実現するという立場である。もう一つは，ii. 拡張は起きず，基底の段階からすでに個々の母音に素性指定がなされているという立場である。本書では形態音韻論的な交替がみられる部分の母音調和に着目するので，i と ii のどちらの立場が妥当であるかという議論には立ち入らないが，どちらの立場に立ったとしても，（112）の仮定に立てば，Kabak（2007）の仮定において起きる問題が起きないことには変わりがない。

[28] もう一つ Kabak（2007）の仮定で問題になるのは，（67）や（79）で示した /-gen/“～角形”のような母音調和しない接尾辞である。Kabak（2007）のように，［舌頂音性］が未指定であるとした場合，/-gen/ の /e/ も［舌頂音性］という指定がない，すなわち母音調和する接尾辞内の母音と同じ /A/ であるということになる。そのため，なぜ同じ /A/ であるにもかかわらず，/-gen/ では母音調和が起きないのか説明を与えなければならなくなる。Kabak（2007）ではこれに関する言及はないが，例えば /-gen/ は先行母音の［舌背音性］に「拡張できない」とする指定（x）を与えることができると仮定する必要があるだろう。しかし，/-gen/ が母音調和しないことを説明するためだけにそのような指定ができるとわざわざ仮定するのは好ましくない。一方，（112）の仮定に立ち，/-gen/ の /e/ に既に素性が指定されているため拡張が起きないと考えれば，余剰な仮定をすることなく /-gen/ が母音調和しないことが説明される。

音の［舌頂音性］は指定されていると考える。しかし，この仮定には今後解決しなければならない問題が残っているため，ここではそれについて述べることにする。

（112）の仮定の問題点は，母音同化現象にみられる差異がうまく捉えられないことである。トルコ語では母音連続が現れることは極めてまれで，Kabak（2007）によれば，それが存在するのは，下に示す（120a）の借用語であったり，（120b）のように，インフォーマルな発話において母音間の /v, j, h/ が削除された場合であったり，（120c）のように，母音間に /ğ/ がある場合に限られるという。

（120） a. 借用語

k**ua**før “美容院” ｱ < *coiffeur*

mes**aːi** “仕事” ｱ < *masāʿī*

［Kabak 2007: 1381（2）より抜粋］

b. 母音間の /v, j, h/ の削除

代償延長も起きるもの

/ahmet/	**aː**met（~ahmet）	“アフメット（人名）”
/sejret/	s**eː**ret（~sejret）	“観賞する（動詞語幹）”
/øv-mAk/	**øː**mek（~øvmek）	“ほめる-GER”

代償延長が起きないもの

/tohum/	t**ou**m（~tohum）	“種”
/dejim/	d**ei**m（~dejim）	“熟語”
/øv-Ar/	**øe**r（~øver）	“ほめる-3.AOR”

［Kabak 2007: 1382（4）］

c. 母音間の“ğ”

/ağɯr/	**aɯ**r	“重い”
/joğurt/	j**ou**rt	“ヨーグルト”
/øğyr-/	**øy**r	“吐き気を催す（動詞語幹）”
/sɯğ-Ar/	s**ɯa**r	“収まる-3.AOR”

/dʒiğer/　　dʒ**ie**r　　“肝臓”

［Kabak 2007: 1381（3）］

/değin/　　d**ei**n　　“～まで”

［Kabak 2007: 1385（10c）］

Kabak（2007）によれば，このような母音連続（V_1V_2）に関して，V_1 が低舌母音であり，かつ V_1 と V_2 が VPlace 以下にもつ素性が一致する場合，下の（121）のような母音同化規則が任意に起こるという。この同化規則は，異なる2母音の連続を，単一の長母音にする（$V_1V_2 \rightarrow V_1V_1$）。

（121）母音同化規則[29]

V_1 が低舌母音であり，かつ V_1 と V_2 が VPlace 以下にもつ素性が一致する場合，V_1 のもつ［低舌性］を V_2 に拡張せよ。

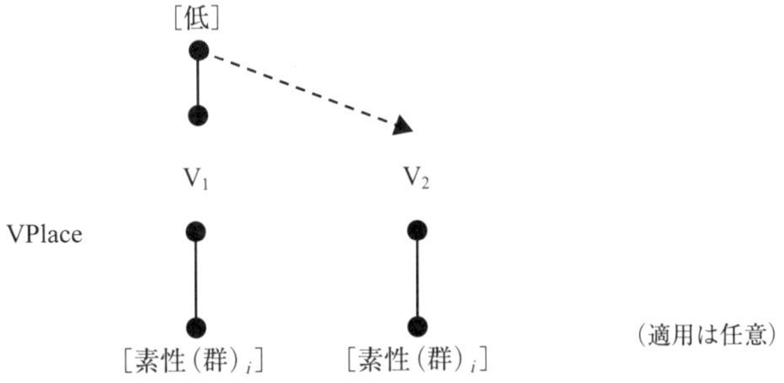

Kabak（2007）は続けて，/ei/ という母音連続は，この規則が適用される環境になっているものの，下の（122d）に示すように，この同化規則が適用されないという。なお，Kabak（2007）では［±円唇性］を仮定せず，［唇音性］という単価的素性のみを仮定しているため，（122）ではそれにならい，［唇音性］を表示している。

（122）a. /ağɯr/　　aɯr ~ aːr

/a/ は低舌母音であり，/a/ と /ɯ/ はともに［舌背音性］をもつ。

[29] 実際にはKabak（2007）では（121）のような形式化は行っていない（121）は［Kabak（2007）: 1390, (22), (23), 1399, (29)］を筆者がまとめたものである。

b. /joğurt/　　　　　　　　jourt ~ joːrt

/o/ は低舌母音であり，/o/ と /u/ はともに［舌背音性］と［唇音性］をもつ。

c. /øğyr/　　　　　　　　øyr ~ øːr

/ø/ は低舌母音であり，/ø/ と /y はともに［舌頂音性］と［唇音性］をもつ。

d. /değin/　　　　　　　　dein *deːn

/e/ は低舌母音であり，/e/ と /i/ はともに［舌頂音性］をもつが同化が起きない。

Kabak（2007）は，前舌母音の［舌頂音性］が未指定であるため，/ei/ の場合は（121）の母音同化規則が適用されないのだとしている。下の（123）-i に示すように，母音同化規則が適用される時点では /e/ と /i/ は VPlace 以下に何の素性ももっていない。すなわち，V_1V_2 間で一致する素性がないことになる。そのため，母音同化規則が適用されないことになる。

（123）i. 基底形，母音同化規則（不適用）→　ii. デフォルト規則，音声形

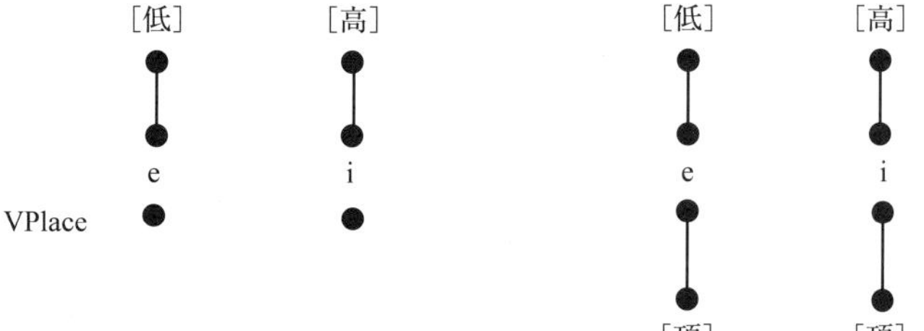

（112）の仮定（本書の仮定）に立てば，/e, i/ には［舌頂音性］が基底の段階から指定されていることになる。また，Kabak（2007）と異なり本書では［±円唇性］を仮定しているので，/e, i/ はともに［－円唇性］を VPlace 以下にもつことになる。そのため，上の（121）母音同化規則が適用されることが予測されるが，実際には適用されない。なぜ適用されないのかは今のところ説明できない。

ただ，まだ十分な調査が進んでいるわけではないが，[ei] という音連続に

母音同化規則が適用される場合もあるようである。下の（124）に示す未来接尾辞＋人称接尾辞という形態素連続においては [ei] という音連続が生じるが，これは [eː] という音声形で現れることもある[30]。

（124）[31]　/gid-AʤAk-Im/　gideʤ**ei**m ~ gideʤ**eː**m　“私は行くでしょう”
行く-FUT-1.SG.PERS
/øl-AʤAk-Iz/　øleʤ**ei**z ~ øleʤ**eː**z　“私達は死ぬでしょう”
死ぬ-FUT-1.PL.PERS　（死んでしまう）

このような語例があるので，上の（121）の母音同化規則は再定式化が必要かもしれない。また，再定式化いかんによっては，（112）の仮定にとって都合の悪いものではなくなる可能性もある。いずれにしろ，上の [gideʤeːm] や（122d）の *[deːn] などを考慮に入れつつ今後の課題としたい。

母音調和に関する議論はここで終わりとし，次節では，トルコ語の語彙グループがいくつ存在するのかを明らかにする。

3.4. トルコ語における語彙グループ

前節までで2つの音韻論的規則（音節末子音の無声化規則と「舌の前後の調和」規則）それぞれに関して，適用される語彙と適用されない語彙が存在することが明らかになった（(125)-(128) に再掲）。

（125）音節末子音の無声化規則が適用される語彙（(57) より一部抜粋）

/語幹/	i. 語幹-∅	ii. 語幹-PL	
/kana**d**/	ka.na**t**	ka.na**t**.lar	“翼”
	*ka.na**d**	*ka.na**d**.lar	

[30] （124）のように [gideʤeim] が [gideʤeːm] と発音されることについては，Göksel and Kerslake (2005: 93) でも述べられている。
[31] 未来接尾辞 /-AʤAk/ の /k/ は母音間においては無音化する。

/kita**b**/	ki.ta**p**	ki.ta**p**.lar	“本” ァ < *kitāb*
	*ki.ta**b**	*ki.ta**b**.lar	
/gy**ʤ**/	gy**ʧ**	gy**ʧ**.ler	“力”
	*gy**ʤ**	*gy**ʤ**.ler	
/ren**g**/	ren**k**	ren**k**.ler	“色” ペ < *rang*
	*ren**g**	*ren**g**.ler	

（126）音節末子音の無声化規則が適用されない語彙（(60) より一部抜粋）

/語幹/	i. 語幹-∅	ii. 語幹-PL	
/ety**d**/	e.ty**d**	e.ty**d**	“勉強会” フ < *étude*
	*e.ty**t**	*e.ty**t**.ler	
/dijalo**g**/	di.ja.lo**g**	di.ja.lo**g**.lar	“対話” フ < *dialogue*
	*di.ja.lo**k**	*di.ja.lo**k**.lar	
/sa**ʤ**/	sa**ʤ**	sa**ʤ**.lar	“鉄板”
	*sa**ʧ**	*sa**ʧ**.lar	
/a**d**/	a**d**	a**d**.lar	“名前”
	***at**	***at**.lar	

（127）「舌の前後の調和」規則が適用される語彙（(66), (68) より一部抜粋）

/語幹/	i. 語幹-∅		ii. 語幹-GEN		
/sap/	sap		sap-**ɯ**n	*sap-**i**n	“柄”
/on/	on		on-**u**n	*on-y**n**	“10”
/karn/	kar**ɯ**n	*kar**i**n	karn-**ɯ**n	*karn-**i**n	“お腹”
/burn/	bur**u**n	*bur**y**n	burn-**u**n	*burn-**y**n	“鼻”

（128）「舌の前後の調和」規則が適用されない語彙（(93) より一部抜粋）

/語幹/	i. 語幹-∅		ii. 語幹-GEN		
/bahs/	bah**i**s	*bah**ɯ**s	bahs-**i**n	*bahs-**ɯ**n	“議論” ア < *baḥth*
/haʤm/	haʤ**i**m	*haʤ**ɯ**m	haʤm-**i**n	*haʤm-**ɯ**n	“量” ア < *ḥajm*

/saat/	sa:t	sa:t -**in**	*sa:t -**ɯn**	“時計” ア < *sāʻat*
/vaad/	va:t	va:d-**in**	*va:d-**ɯn**	“誓い” ア < *waʻd*

本節では，これらの語彙の集合関係を明らかにし，トルコ語にはいくつの語彙グループが存在するのかを示す（すなわちレキシコンの構造を明らかにする）。そのために，2 つの規則がともに適用される環境が整っている語彙に着目し，それらの語彙で，規則が適用されているか，されていないかをみることにする。なお，本節では，議論の途中（3.4.2. 節）で語彙グループの形成に関与的な，脱重子音化規則と呼ばれる規則を新たに提案する。

3.4.1. 節では，音節末子音の無声化規則と，「舌の前後の調和」規則の両方，あるいはどちらかが適用される語彙に着目する。そして，音節末子音の無声化規則が適用される語彙の集合と，「舌の前後の調和」規則が適用される語彙の集合が交差関係を成していることを示す。3.4.2. 節では，音節末子音の無声化規則と，「舌の前後の調和」規則の両方が適用されない語彙に着目する。そして，両方の規則が適用されない語彙にも，そうでない語彙（3.4.1. 節で示す語彙）にも，脱重子音化規則が適用されていることを示す。3.4.2. 節ではまた，トルコ語に語彙グループがいくつ存在するのかを明らかにする。3.4.3. 節では，提案したレキシコンがどのように獲得されるのか，また，産出がどのようになされるのかについて述べる。

3.4.1. 音節末子音の無声化規則と，「舌の前後の調和」規則の両方，あるいはどちらかが適用される語彙

本節では，音節末子音の無声化規則と，「舌の前後の調和」規則の両方，あるいはどちらかが適用される語彙に着目する。

トルコ語には下の（129）に示すように，両方の規則が適用される語彙があり，一方で，（130）のように，「舌の前後の調和」規則は適用されるが，音節末子音の無声化規則は適用されない語彙が存在する。

(129)[32, 33] 両方の規則が適用される語彙

	音節末子音の無声化規則 適用される		「舌の前後の調和」規則 適用される	
	語幹-∅		語幹-GEN	
/ağadʒ/ “木”	aa**tʃ**	*aa**dʒ**	aa**dʒ** -**ɯ**n	*aa**dʒ**-**i**n
/kanad/ “翼”	kana**t**	*kana**d**	kana**d**-**ɯ**n	*kana**d**-**i**n
/kitab/ “本” ァ < *kitāb*	kita**p**	*kita**b**	kita**b**-**ɯ**n	*kita**b**-**i**n
/iladʒ/ “薬” ァ < *'ilaj*	ila**tʃ**	*ila**dʒ**	ila**dʒ**-**ɯ**n	*ila**dʒ**-**i**n
/tadʒ/ “王冠” ァ < *tāj*	ta**tʃ**	*ta**dʒ**	ta**dʒ**-**ɯ**n	*ta**dʒ**-**i**n

(130)「舌の前後の調和」規則のみが適用される語彙

	音節末子音の無声化規則 適用されない		「舌の前後の調和」規則 適用される	
	語幹-∅		語幹-GEN	
/ad/ “名前”	**ad**	***at**	a**d**-**ɯ**n	*a**d**-**i**n
/sadʒ/ “鉄板”	sa**dʒ**	*sa**tʃ**	sa**dʒ**-**ɯ**n	*sa**dʒ**-**i**n
/kod/ “コード” フ < *code*	**kod**	***kot**	ko**d**-**u**n	*ko**d**-**y**n
/morg/“霊安室” フ < *morgue*	mor**g**	*mor**k**	mor**g**-**u**n	*mor**g**-**y**n

(129) と (130) をみると,「舌の前後の調和」規則の適用される語彙の集合が,音節末子音の無声化規則が適用される語彙の集合を包含するような下の (131) のレキシコンの構造が考えられる。

---

[32] ここでは,「舌の前後の調和」規則が適用される語彙として,/kitap/ のように,母音調和に従った母音配列を語幹内にもっていないものも含めているが,第 2 章の 2.2.1. 節でも述べたように,本書では形態論的な部分の差異にのみ着目して議論を進めるため,語幹内の母音配列は考慮しない。

[33]「舌の前後の調和」規則が適用される語彙には /etyd/ “勉強会” のように前舌母音を含む語彙や,/sol^{j}/ “ソの音” のように /l^{j}/ がもつ［舌頂音性］が交替母音に拡張する例も含まれると考えられるが,3.3.6.1.2. 節と 3.3.6.2.3. 節で述べたように今後の課題が残っているため,本節では,/etyd/ や,/sol^{j}/ を「舌の前後の調和」規則が適用される語彙の例として挙げることは控えた。

(131)

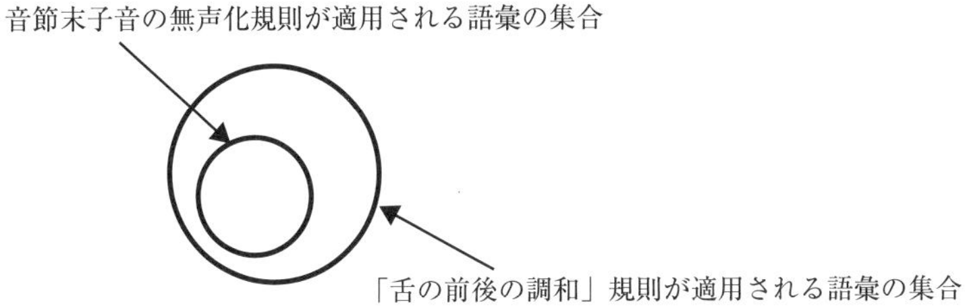

しかし，下の（132）に示すような，「舌の前後の調和」規則が適用されず，一方で音節末子音の無声化規則が適用される語彙が存在する。

(132)[34]

	音節末子音の無声化規則 適用される		「舌の前後の調和」規則 適用されない	
	語幹-∅		語幹-GEN	
/vaa**d**/ "誓い" ア < *wa'd*	va:**t**	*va:**d**	va:d-**in**	*va:d-**ɯn**
/ak**d**/ "契約" ア < *'akd*	aki**t**	*aki**d**	akd-**in**	*akd-**ɯn**
/lah**d**/ "石棺" ア < *laḥd*	lahi**t**	*lahi**d**	lahd-**in**	*lahd-**ɯn**

そのため，（131）に示したような包含関係にはならず，下の（133）のような交差関係を成す構造になると考えられる。

(133)

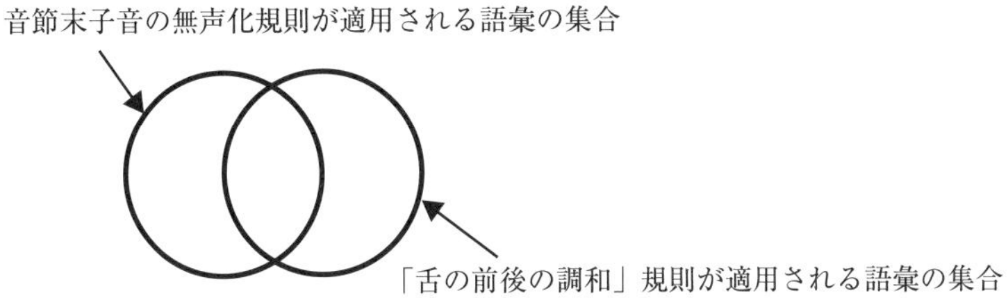

---

[34] 現段階では「舌の前後の調和」規則が適用されず，一方で音節末子音の無声化規則が適用される語彙の例として（132）に挙げる3例のみがみつかっている。しかし，これは両方の規則が適用される環境をもつ語彙がそもそも少なかったためである。「舌の前後の調和」規則が適用されない語彙自体は（93）にも示したように多く存在する（/bahs/ "議論"，/saat/ "時計" など）。

このことから，トルコ語には少なくとも（134）に示す3つの語彙グループが存在すると考えられる。

（134）

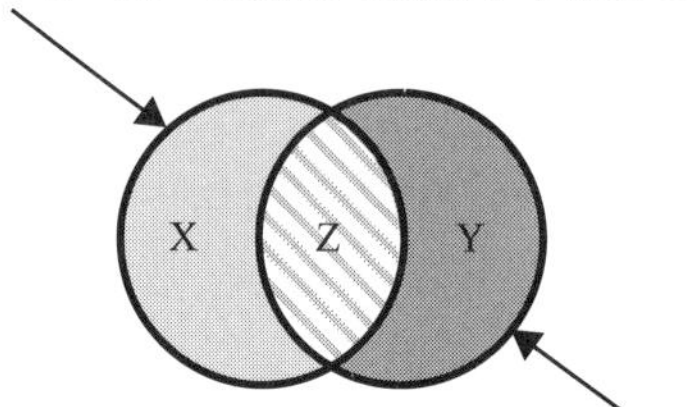

（135）（134）の語彙グループ（X, Y, Z）間にみられる規則の適用・不適用の差異

	音節末子音の無声化規則	「舌の前後の調和」規則
語彙グループZ（（129）の語彙）灰色の斜線の部分	適用	適用
語彙グループY（（130）の語彙）濃い灰色の部分	不適用	適用
語彙グループX（（132）の語彙）薄い灰色の部分	適用	不適用

次節では，音節末子音の無声化規則と，「舌の前後の調和」規則の両方が適用されない語彙をみる。

3.4.2. 音節末子音の無声化規則と，「舌の前後の調和」規則の両方が適用されない語彙

ここまでで，上の（134）に示したような3つの語彙グループが存在することをみたが，語例は2つしかないものの，音節末子音の無声化規則も「舌の前後の調和」規則も適用されない（136）のような語彙がある。

(136)

	音節末子音の無声化規則 適用されない		「舌の前後の調和」規則 適用されない	
	語幹-∅		語幹-GEN	
/ra**bb**/ “神” ア＜ *rabb*	ra**b**	*ra**p**	rabb-**i**n	*rabb-**ɯ**n
/ha**dd**/ “限界” ア＜ *ḥadd*	ha**d**	*ha**t**	hadd-**i**n	*hadd-**ɯ**n

しかし，両方の規則が適用されない語彙にいかなる規則も適用されないというわけではなく，/rabb/ が [rab] となるように，下の（137）に示す脱重子音化規則が適用される。

（137）脱重子音化規則（$C_iC_i]_\sigma \rightarrow C_i]_\sigma$）
音節末に同一の子音により構成された子音連続がある場合，そのうち1つを削除せよ。

この規則は，下の（138）に示すように，音節末子音の無声化規則や「舌の前後の調和」規則が適用される語彙にも適用される。

(138)	/語幹/	語幹-∅	語幹-GEN (/-In/)		
a.	/ha**kk**/	ha**k** *ha**kk**	hak.k**ɯ**n *hak.k**i**n	“権利”	ア＜ *ḥaqq*
b.	/ha**tt**/	ha**t** *ha**tt**	hat.t**ɯ**n *hat.t**i**n	“線”	ア＜ *khaṭṭ*
c.	/zɯ**dd**/	zɯ**t** *zɯ**d** *zɯ**tt** *zɯ**dd**	zɯd.d**ɯ**n *zɯd.d**i**n	“反対”	ア＜ *ḍidd*

※このように語幹末に重子音をもつ語彙は全てアラビア語由来である。

そのため，脱重子音化規則の適用される語彙の集合を表す円は，下の（139）に示すように，音節末子音の無声化規則が適用される語彙の集合と「舌の前後の調和」規則が適用される語彙の集合全てを包含すると考えられる。また，脱重子音化規則が適用されない語彙は現段階ではみつけられていないため，トルコ語の全語彙は，脱重子音化規則の適用される語彙の集合内に含まれていると考えられる。

(139) トルコ語のレキシコンの構造

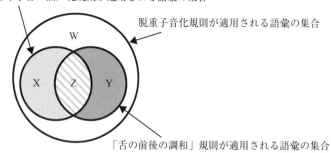

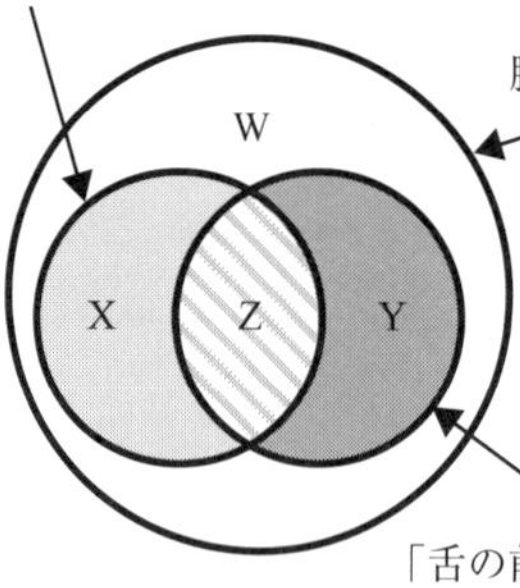

(140)[35] (139) の語彙グループ (W, X, Y, Z) 間にみられる規則の適用・不適用の差異

	音節末子音の無声化規則	「舌の前後の調和」規則	脱重子音化規則
語彙グループ Z ((129) の語彙) 灰色の斜線の部分	適用	適用	適用
語彙グループ Y ((130) の語彙) 濃い灰色の部分	不適用	適用	適用
語彙グループ X ((132) の語彙) 薄い灰色の部分	適用	不適用	適用
語彙グループ W ((136) の語彙) 白色の部分	不適用	不適用	適用

本節の議論をまとめると，トルコ語のレキシコンは上の (139) で示した構造を成しており，4つの語彙グループが存在すると考えられる[36]。

次節では，(139) のようなレキシコンの構造がどのように獲得されるのか，

[35] ここで各語彙グループと出自の対応関係について述べる。語彙グループ Z に属する語彙の多くは固有語であり，語彙グループ X, W に属する語彙はアラビア語由来，語彙グループ Y に属する語彙は主にアラビア語，ペルシア語，フランス語など，様々な借用語と対応する。Itô and Mester (1995a, 1995b, 1999) では，固有語を中心とし，その周りを借用された時期が古い借用語から順に取り囲んでいくような構造になっていた。トルコ語のレキシコンの構造も，語彙グループ Z を中心とみれば，固有語が中心になっているという点で Itô and Mester (1995a, 1995b, 1999) の「核と周辺」構造と共通点がみられるが，一番外側の語彙グループ W はアラビア語由来の語彙のため，借用された時期が古い借用語から順に固有語を取り囲んでいくような構造にはなっていない。

また産出において，どのように規則の適用・不適用が決定されるのかについて述べる。

3.4.3. 獲得と産出について

第 1 章の 1.1. 節では，言語獲得段階の幼児が音韻論的な差異に基づいて語彙をグループに分け，レキシコンに語彙を登録すること，また，産出においては，レキシコンで形成されている語彙グループの区別に基づいて，各語彙に規則が適用されるかどうかを決定することを述べた。おそらく，トルコ語の獲得においては，上の（140）で示したような，規則群の適用・不適用に基づいて語彙を 4 つの語彙グループに分けていると考えられる。ただ，脱重子音化規則については適用されていない語彙が存在しないので，それ以外の，音節末子音の無声化規則と「舌の前後の調和」規則の適用・不適用を確認しながらグループに分けていると考えられる。

（141）a. 音節末子音の無声化規則と「舌の前後の調和」規則の両方が適用されている。
　　→語彙グループ Z
b. 音節末子音の無声化規則は適用されていないが，「舌の前後の調和」規則は適用されている。
　　→語彙グループ Y
c. 音節末子音の無声化規則は適用されているが，「舌の前後の調和」規則は適用されていない。
　　→語彙グループ X
d. 音節末子音の無声化規則と「舌の前後の調和」規則の両方が適用されていない。

[36] 語彙グループ W に該当する語彙は現段階では 2 つしかないため，これを語彙グループとして認定できるかどうかには，疑問が残る部分もある。しかし，仮に語彙グループ W を仮定しなかったとしても，トルコ語のレキシコンの構造は，同心円状の構造になっていない点などで，Itô and Mester（1995a, 1995b, 1999）の主張が妥当ではないことを示すことができる。この妥当性に関する議論については，第 5 章で行う。

→語彙グループ W

また，レキシコンにおいて，各単語にはどの語彙グループに属するかについての指定がなされていると考えられる。そして，産出においては，語彙が W から Z のどれに属するのかに基づいて規則の適用・不適用を決定する。決定のメカニズムは，例えば下の（142）に示す余剰規則によって捉えられる。

（142） a. 語彙グループ Y に属する単語
→ 音節末子音の無声化規則：不適用
b. 語彙グループ X に属する単語
→ 「舌の前後の調和」規則：不適用
c. 語彙グループ W に属する単語
→ 音節末子音の無声化規則：不適用，「舌の前後の調和」規則：不適用

（142）では，どの規則が適用されるかについては情報を付与していないが，不適用という情報がない場合，規則は必ず適用されると考えれば，適用されるという情報をわざわざ付与する必要はない。

次章では現代ウイグル語の分析を行う。

第 4 章
現代ウイグル語

本章では現代ウイグル語の，i. 弱化母音の「唇の調和」，ii. r 挿入を取り上げる。まず，各々の現象を記述する音韻規則を提案する。次にその規則が適用されない語彙が存在することを指摘し，規則の適用・不適用に基づいてレキシコンにおいて語彙が区別されていることを示す。その後，現代ウイグル語にいくつの語彙グループが存在するのかを示す（すなわちレキシコンの構造を明らかにする)。

以下の 4.1. 節では，具体的な議論に入る前に，現代ウイグル語の社会言語学的特徴と，基本的な言語学的特徴を述べる。

4.1. 現代ウイグル語の社会言語学的特徴と言語学的特徴

4.1.1. 言語使用状況と借用語

現代ウイグル語は主に中国の新疆ウイグル自治区及びその周辺諸国で話されている言語である。林（2009）によれば新疆ウイグル自治区内の話者数は 700 万人以上で，若年層では現代ウイグル語と中国語のバイリンガル話者の割合が増えつつあるという。

現代ウイグル語は多くの借用語をもつ。特にアラビア語，ペルシア語からの借用語が多く，次いでロシア語や中国語からの借用語が多い[1]。また，筆者の調査した限りでは，英語からの借用語もある程度存在するようである。

---

[1] ここでいう中国語というのは，いわゆる漢民族の言語である漢語のことを指す。

Nadzhip（1971: 30-39）によれば，アラビア語，及びペルシア語由来の語彙は主に14世紀から16世紀の間に借用され，ロシア語由来の語彙は19世紀以降に借用されたという。中国語については，中華人民共和国成立以降借用された語彙が多いが，それ以前からドンガン人（Dungan）[2]や周辺地域に住む漢民族との交流の中で借用された語彙もあるという。また，Nadzhip（1971: 30-39）は，中華人民共和国成立以前のものはドンガン方言や周辺地域の中国語の方言の影響があるが，中華人民共和国成立以降のものは主に出版物などを通して借用されているため，標準中国語（Mandarin Chinese）の特徴を有しているという[3]。本章では第3章と同じく補足情報としてデータ中に語彙の出自情報を付すことがあるが，中華人民共和国成立以前のものも，以降のものもまとめて中国語由来とする。

出自情報については，Schwarz（1992）と菅原（2009）の現代ウイグル語辞典，及びYaqup他（編）（1990, 1991, 1992, 1994, 1996, 1998）の *Uyghur Tilining Izahliq Lughiti*（ウイグル語詳解辞典）を参考にした。語彙の出自情報を示す際には下の（143）の略語を用い，（144）のようにグロス（意味）の右下に付す。略語を付していない単語は固有語である。また，借用語については，グロスに続けて，＜の後に借用元言語における語形をアルファベット表記（つづり）で付す。

（143）ア：アラビア語，ペ：ペルシア語，ロ：ロシア語，中：中国語，英：英語

（144）wotka“ウォッカ”$_{ロ}$＜ *vodka*

4.1.2. 形態論的特徴

現代ウイグル語は日本語と同じく様々な接尾辞が語幹に接辞することで

2 中央アジアに居住し，イスラム教を信仰する漢民族を指す。また，ドンガン方言というのは，ドンガン人によって話されている中国語の一方言のことである。

3 Nadzhip（1971: 30, 36）によれば，5世紀から10世紀にかけて仏教やマニ教の書物とともに借用された中国語もあるが，現在においてはそのほとんどが使われていないという（現代ウイグル語の方言では使われている）。

様々な文法関係が表される。

(145)[4] a. 名詞語幹の後に接尾辞が接辞する例

at -lir -imiz -ʁa　“私たちの馬たちに”

馬-PL -1.PL.POSS -DAT

b. 動詞語幹の後に接尾辞が接辞する例

kyl -gyz -yl -mi -duq　“私たちは笑わせられなかった”

笑う-CAUS -PASS -NEG- 1.PL.PAST

4.1.3. 音韻論に関わる情報

4.1.3.1. 音素目録

現代ウイグル語には下の（146）と（147）に示すように8つの母音音素と25の子音音素があると考えられる。

(146) 母音音素

	前舌		舌の前後の指定なし	後舌	
	非円唇	円唇	非円唇	非円唇	円唇
高舌		/y/	/i/		/u/
中段	/e/	/ø/			/o/
低舌	/æ/			/a/	

4　複数接尾辞と否定接尾辞内の母音は基底の段階では非円唇低舌母音であるが，ここでは後述する母音弱化により [i] で実現している。

（147）子音音素

		唇	歯茎	硬口蓋	軟口蓋	口蓋垂	声門
阻害音	破裂音	/p/ /b/	/t/ /d/		/k/ /g/	/q/	/ʔ/
	破擦音			/ʧ/ /ʤ/			
	摩擦音	/f/	/s/ /z/	/ʃ/ /ʒ/		/χ/ /ʁ/	/ɦ/
共鳴音	鼻音	/m/	/n/		/ŋ/		
	ふるえ音		/r/				
	側面音		/l/				
	接近音	/w/		/j/			

本章では，トルコ語同様，特に母音調和の分析において，基底形には上の（146）に示す音素以外の音素 /A/ と /I/ が存在すると仮定する。トルコ語同様，/A/ は［＋低舌性］と［－円唇性］のみが指定されている。また /I/ は［＋高舌性］のみが指定されている[5]。

以下 4.1.3.1.1. 節から 4.1.3.1.3. 節では，i. /i/ について，ii. /e/ について，iii. 母音の長短について述べる。

4.1.3.1.1. /i/

トルコ語では非円唇高舌母音として前舌の /i/ と後舌の /ɯ/ が対立していたが，現代ウイグル語では /i/ のみが存在する。Hahn（1991: 33）では非円唇高舌母音に関して，前舌の /i/ と後舌の /ɨ/ という 2 つの音素を立てる。しかし，Hayasi（2008）でも述べられているように，現代ウイグル語には /i/ と /ɨ/ という 2 つの音素があることを示すミニマルペアは存在しない。また，正書法において [i] と [ɨ] が同一の“ى”という文字で書き表されることも，この 2 つが同一音素の異音であることを示唆する[6]。このことから，本書では，/i/ のみが非円唇高舌母音の音素として存在すると考えておく。ただ，/i/ は常に前舌で実現するというわけではなく，それが現れる環境によって舌の前後位置が大きく変化する（[i] ~ [ɨ][7]）。そのため，本書では，/i/ は基底では「舌

[5] 下の（152）に示すように，現代ウイグル語では［高舌性］と［低舌性］が正負の値をもつと仮定する。

[6] 現代ウイグル語はその正書法にいわゆるアラビア文字を用いている。

の前後の素性」(［舌頂音性］，［舌背音性］）の指定のない「非円唇高舌母音」であり，舌の前後位置は環境によって決定されると仮定する。筆者が調査した限りでは，/i/ がどのように実現するかはその前後の子音により決定される部分が大きく，おおむね，[i] は下の（148）に示す環境に現れ，[ɨ] は下の（149）に示す環境に現れるようである。

（148）[i] が現れる環境

a. 硬口蓋音の前ないし後　atm**iʃ**　“60”　**ʧi**raj　“顔つき”

b. /k, g/ の前ないし後　**ki**ndi**k**　“へそ”　**gi**ps　“ギプス”

c. 語末の開音節（ただし口垂蓋音の直後である場合を除く。）

am.bɨ.**r-i**　“彼の倉庫”　mø:.rɨ.-**si**　“彼の肩”
倉庫-3. POSS　肩-3. POSS

d. 語頭（ただし，/s, z, n, r/ などの歯茎音が後続する場合には [ɨ] になることが多い。）[8]

iŋæk　“あご”　**i**diʃ　“甕（かめ）”
ilɦam　“インスピレーション”

（149）[ɨ] が現れる環境

a. 口蓋垂音の前ないし後　j**ɨʁɨ**n　“会議”　**qɨ**jam　“ジャム”
qɨl-　“する（動詞語幹）”

b. /ŋ/ の前（ただし，/**i**ŋæk/ のような語頭の /i/ は除く。）

kæl-d**ɨ**ŋ　“君は来た”　u-n**ɨ**ŋ　“彼の”
来る-2. SG. PAST　彼-GEN

c. /s, z, n, r/ の前ないし後　k**ɨrɨ**m　“収入”　**ɨs**　“煙”

am.b**ɨ.r**-i　“彼の倉庫”　mø:.**rɨ.s**-i　“彼の肩”
倉庫-3. POSS　肩-3. POSS

nɨspæt　“関係”

7　[ɨ] だけでなく，後舌の [ɯ] として実現することもあるが，ここでは，[ɨ] と [ɯ] をまとめて [ɨ] と表すことにする。

8　ここで挙げたデータは厳密には [i] の前に声門閉鎖が認められるので，正確には語頭ではなく声門閉鎖音 /ʔ/ の後とするべきかもしれない。

[ʧiraj] における [i] は（148a）に示した「硬口蓋音の後ろ」に該当するため，[i] として実現するが，[ʧiraj] の [i] は同時に（149c）に示した「/r/ の前」にも該当している。一方で，[jiʁɨn] の第 1 音節内の [ɨ] は，（149a）に示した「口垂蓋音の前」に該当するため [ɨ] として実現するが，[jiʁɨn] の第 1 音節内の [ɨ] は同時に（148a）に示した「硬口蓋音の後ろ」にも該当している。このように，（148）と（149）両方の環境に該当する場合には，どちらか一方の環境に従った音声形が現れるようである。（148）と（149）両方の環境に該当する場合に，どちらの環境に従うのかについて，詳しいことはまだ明らかではないため，今後の課題としたいが，本書ではこれ以降，[i]，及び [ɨ] を統一して全て [i] で表すことにする。

4.1.3.1.2. /e/

音声形に現れる [e] には（150）に示すウムラウト規則によって /a, æ/ から派生して現れるものと，（151）に示すようにウムラウト規則によるのではなく，もともと基底の段階から存在すると考えられるものがある。基底の段階から /e/ をもつと考えられる語彙の多くは借用語である。

（150）ウムラウト規則

a. {a, æ} → e / #（C）__ . Ci

語頭の，開音節内の非円唇低舌母音（/a, æ/）を，それに /i/ が後続した場合 [e] にせよ。

/at-imiz/　　e.ti.miz　　“私たちの馬”
馬-1.PL.POSS

/bæl-imiz/　　be.li.miz　　“私たちの腰”
腰-1.PL.POSS

b. æ → e / #（C）__ . C æ

語頭の，開音節内の /æ/ を，それに /æ/ が後続した場合，[e] にせよ。

/bær-æ/[9]　　be.ræ　　“与えろ”
与える-IMP

（151）a. balet　　　“バレエ”ロ＜ *balet*
　　　b. demokrat　“民主主義者”ロ＜ *demokrat*

トルコ語では舌の高さに関する素性として［高舌性］と［低舌性］という単価的な素性を仮定していたが，現代ウイグル語には舌の高さに関して，低舌母音（/æ/），中段母音（/e/），高舌母音（/i/）という３段階の区別があるので，［高舌性］［低舌性］という２つの単価的素性を仮定しただけでは弁別しきれない。そのため，現代ウイグル語において［高舌性］と［低舌性］は下の（152）に示すように二価的であると仮定する。

（152）母音の素性の値
　a. 高舌母音［＋高舌性］［－低舌性］
　b. 中段母音［－高舌性］［－低舌性］
　c. 低舌母音［－高舌性］［＋低舌性］

ただ，高舌母音と低舌母音については，それぞれ正の値をもつ素性（［＋高舌性］，［＋低舌性］）さえ指定されていれば弁別されるので，この２つについては正の値のみ指定されていると考えておく（負の値をもつ素性は余剰規則によって指定される）。

4.1.3.1.3. 母音の長短

竹内（1991: 399）や Hahn（1992）では現代ウイグル語には短母音音素に加えて長母音音素があると仮定している。確かに現代ウイグル語では [bala]“子供”と [bala:]“災難”のようなミニマルペアがみつかるため，長母音音素を認めて，長短の対立があると考えてもよいように思われる。ただ，長母音と考えられる母音はしっかりと長く発音されないことがある（これは特に語末において顕著である）。そのため，長母音とされている母音は実は長母音ではなく，はり母音（tensed vowel），もしくはストレスをもった母音で，それが音声上長く聞こえる場合があると考えることもできる。長短の対立なの

[9] /-æ/ は動詞語幹に接辞し，（ややぞんざいな）命令を表す。なお /a/ はこの接尾辞が接辞しても，/æ/ のようにウムラウトすることはない。/al-æ/ [a.læ]“取れ”

か，はりとゆるみの対立なのか，それとも別の形で対立があるのかはまだ明らかではないが，少なくとも何らかの形で音韻論的に区別されていることは間違いない。なぜなら，短母音と，いわゆる長母音では，音韻論的振舞いが異なるためである。例えば，現代ウイグル語には語中の開音節内の非円唇低舌母音（/a, æ/）が [i] になる母音弱化という現象がある。これは下の（153a）に示すように /a, æ/ が短母音の場合でのみ起き，（153b）に示すように /a, æ/ がいわゆる長母音の場合では起きない（母音弱化について，詳しくは 4.2.1.2. 節で述べる）。

（153） a. /bala'-ni/ → bal**a**:ni *bal**i**ni “災難を”
災難-ACC
b. /bala-ni/ → bal**i**ni “子供を”
子供-ACC

このように何らかの形で区別されていると考えられるので，本書では，長母音といわれている母音を「有標母音」，短母音といわれている母音を「無標母音」と呼び区別する。また語例において，基底形における有標母音は，上の（153）のように母音にアポストロフィーをつけて表す（有標母音の音声形は，長めに発音されるため，[:] を用いる）。

4.1.3.2. 母音調和

現代ウイグル語ではトルコ語同様，「舌の前後の調和」と「唇の調和」という 2 つの母音調和が起きる。ここでは「舌の前後の調和」について述べる（「唇の調和」は 4.2.1.1. 節で述べる）。例えば，位格接尾辞 /-dA/ の母音 /A/ は [æ] もしくは [a] で実現するが，このうちどちらが現れるかは，（154）に示すように直前の母音によって決まる。

（154） i. 直前の母音が /e/ 以外の前舌母音（/æ, ø, y/）の場合：前舌母音 [æ] が現れる。

/語幹/	語幹-LOC（/-dA/）	
a. /bæl/	bæl-dæ	“腰”

b. /ʧøl/　ʧøl-dæ　“砂漠”

c. /jyz/　jyz-dæ　“顔”

ii. 直前の母音が後舌母音（/a, o, u/）の場合：後舌母音 [a] が現れる。

/語幹/　語幹-LOC

a. /aj/　aj-da　“月”

b. /on/　on-da　“10”

c. /pul/　pul-da　“お金”

また，直前の母音が /i/ の場合は，下の（155a）に示すように，その /i/ より前に位置する母音の舌の前後と一致する（前の母音も /i/ の場合は，（155b）に示すように，さらに前の母音の舌の前後と一致する）。同様に直前の母音が /e/ の場合も，その /e/ より前の母音の舌の前後と一致する（例：m**u**zej-d**a**“博物館で”）[10]。

（155）a. /jol-i-dA/　j**o**l-i-d**a**　“彼（女）の道で”

道-1. SG. POSS-LOC

b. /øj-imiz-dA/　**ø**j-imiz-d**æ**　“私たちの家で”

家-1. PL. POSS-LOC

また，直前の母音が /i, e/ で，かつそれより前に前舌母音（/æ, ø, y/）も後舌母音（/a, o, u/）もない場合は，下の（156a）と（157a）に示すように，多くの場合後舌母音が現れるが，（156b）と（157b）に示すように，前舌母音が現れるものもある。

（156）[11]　/i/ のみを含む語幹

a. 後舌母音が現れる語幹

/語幹/　語幹-LOC

/kir/　kir-da　“よごれ”

/iz/　iz-da　“跡”

---

[10] /e/ より前に /æ, ø, y/ が存在する語彙はまだみつかっていない。

[11] [i] のみを含むいくつかの語彙では [da] と [dæ] どちらが現れてもよいものもある。ただ，必ずというわけではなく，語彙にもよる。また，話者間で容認度に差がみられる。

b. 前舌母音が現れる語幹

/語幹/	語幹-LOC	
/bir/	bir-dæ	“1（いち）”
/siz/	siz-dæ	“あなた”

（157）/e/ のみを含む語幹

a. 後舌母音が現れる語幹

/ejt-sA/	ejt-sa	“言ったら（条件形）”
言う-COND		

b. 前舌母音が現れる語幹

/tez-lA/	tez-læ	“速くなる（動詞語幹）”
速い-LA		

※ /-lA/ は形容詞などに後続し，動詞語幹を形成する。

上の（154）から（157）では語幹と接尾辞の間における母音調和を示したが，母音調和した母音配列は固有語の多音節語幹にもみられる（例：[q**o**s**a**q]“お腹”，[**ø**rk**æ**ʃ]“波”）。一方，母音調和していない母音配列をもつ多音節語幹は借用語にみられる（例：[l**æ**ŋp**u**ŋ]“凉粉（食べ物の一つ）”中＜ *liangfen*, [p**æ**lt**o**ː]“外套”ロ＜ *pal'to*）。トルコ語同様，本章では，形態論的な部分の差異に着目するので，語幹内の母音配列については，形態音韻論的な交替が起きない限り取り扱わないことにする。

（158）本章で取り扱う母音調和

a. 語幹と接尾辞の間の母音調和

b. 語幹内で交替を起こす母音調和

次節以降では具体的な音韻論的現象を取り上げる。

4.2. 弱化母音の「唇の調和」

本節では，現代ウイグル語の語彙のグループ分けに関わる現象の1つである弱化母音の「唇の調和」に着目する。4.2.1. 節では，弱化母音の「唇の調和」に関わる現象を記述する規則を提案する。4.2.2. 節では，弱化母音の「唇の調和」がどのようなものであるかを示す。4.2.3. 節では，弱化母音の「唇の調和」が起きる語彙と起きない語彙があることを示す。4.2.3. 節ではまた，そのような語彙間の差異があるのは，［－円唇性］の削除規則の適用・不適用に基づいて語彙がレキシコンにおいて区別されているためであることを示す。

4.2.1. 弱化母音の「唇の調和」に関わる現象

弱化母音の「唇の調和」には，現代ウイグル語で起こる i.「唇の調和」と ii. 母音弱化という 2 つの音韻論的現象が関わる。以下順にどのような現象であるかを述べる。

4.2.1.1.「唇の調和」

現代ウイグル語ではトルコ語同様に「唇の調和」が起き，後続母音の円唇性が直前の母音の円唇性と一致する。ただし，全ての母音がそのような一致をみせるのではなく，トルコ語同様，高舌母音のみが直前の母音と「唇の調和」を起こす。

（159）「唇の調和」

高舌母音は直前の母音と円唇性（円唇か非円唇か）が一致する。

（160）		/語幹/		語幹-2. SG. PAST（/-dIŋ/）
	a.	/boz-/	“壊す”	boz-**du**ŋ（~ boz-diŋ）
		/tur-/	“止まる”	tur-**du**ŋ（~ tur-diŋ）
	b.	/kør-/	“みる”	kør-**dy**ŋ（~ kør-diŋ）
		/kyl-/	“笑う”	kyl-**dy**ŋ（~ kyl-diŋ）
	c.	/qal-/	“残る”	qal-diŋ
		/kæl-/	“来る”	kæl-diŋ
		/kir-/	“入る”	kir-diŋ

（160）では2人称単数過去接尾辞（/-dIŋ/）が動詞語幹に後続した形式を挙げている。この接尾辞内の母音 /I/ はトルコ語同様，高舌ということのみが指定されており，直前の母音と「唇の調和」（及び「舌の前後の調和」）を起こす。ただし，「唇の調和」は任意なものだと考えられ，「唇の調和」が起こらなかった形式（(160a,b）の括弧内の形式）も認められるようである。「唇の調和」により円唇母音になる場合，/I/ は [u] もしくは [y] で実現する。どちらで実現するかは下の（161）の「舌の前後の調和」規則によって決まる。また，[boz-diŋ], [kør-diŋ] のように「唇の調和」が起こらなかった場合，及び，上の（160c）のように直前の母音が非円唇母音の場合，/I/ は非円唇高舌母音である [i] で実現する。

（161）[12]「舌の前後の調和」規則

母音に，直前の母音がもつ VPlace 内の［舌頂音性］または［舌背音性］を拡張せよ。

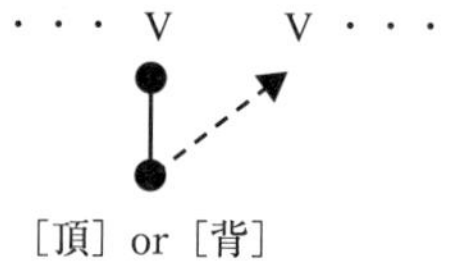

また，「唇の調和」は，下の（162）の「唇の調和」規則によって起こると本書では考える。

（162）「唇の調和」規則

［±円唇性］が未指定になっている母音に直前の母音がもつ［±円唇性］を拡張せよ。

[12] トルコ語同様，現代ウイグル語も，子音がもつ素性が母音調和で拡張することを防ぐために，CPlace, VPlace の区別が必要だと考えられる。そのため，ここでは「VPlace 内の舌の前後の素性」としている。また，（155）のように直前の母音ではない母音と母音調和が起きることや，（156）と（157）で示した /i/ のみ，あるいは /e/ のみ含む語幹においては多くの場合後舌母音が現れることを考慮すると，（161）の規則を改訂したり，何らかの仮定をしたりする必要がある。しかし，本書で扱う現象について議論する限りにおいては，（161）の規則で問題はない。（155），（156），（157）に対する説明は今後の課題である。

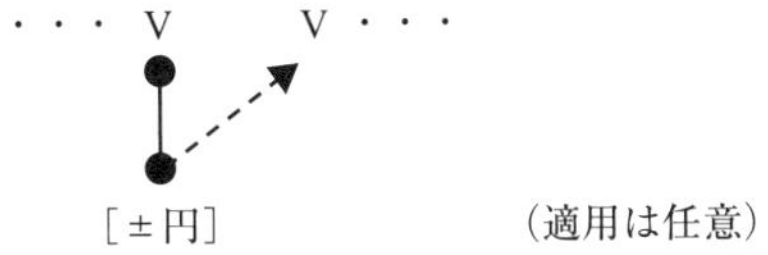

この規則が適用されることにより，下の（163）に示すような派生がおきる。その結果直前の母音との「唇の調和」が起きると考えられる。

（163）例：/qol-Im/ [qolum] 手-1. SG.POSS

i. 基底形　→　ii.「唇の調和」規則　→　iii.　音声形
(及び「舌の前後の調和」規則)

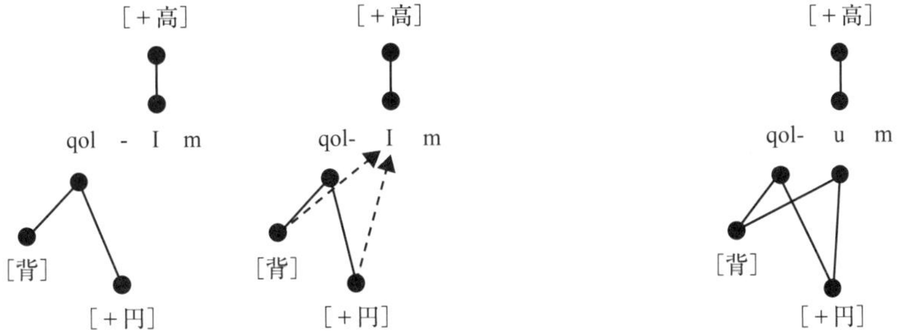

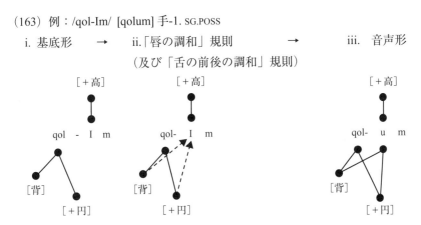

一方で，下の（164）に示すように，低舌母音の /A/ には「唇の調和」は起きない。第 3 章のトルコ語の（78b）同様，/A/ に「唇の調和」が起きないのは，/A/ が［－円唇性］をもつためと考える。

（164）例：/qol-lAr/　[qollar], *[qoll**or**] 手-PL

i. 基底形　→　ii.「舌の前後の調和」規則 →　iii. 音声形

（「唇の調和」規則）

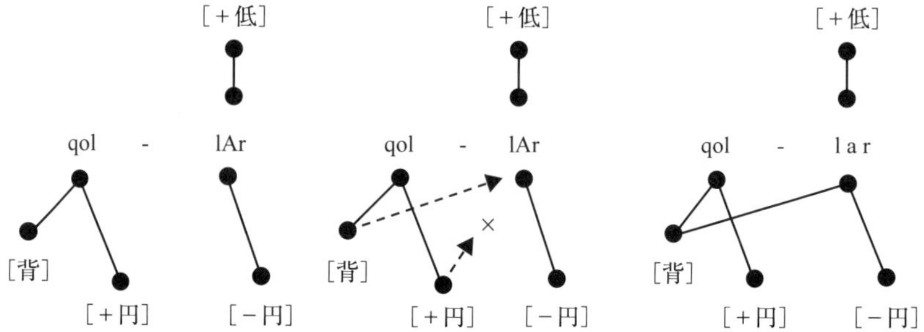

次節では母音弱化をみる。

4.2.1.2. 母音弱化

母音弱化は語頭でも語末でもない位置（語中）に存在する開音節内の非円唇低舌短母音（/a, æ/）が，[i] になる現象である。この現象は例えば，下の（165a）のように，/a, æ/ 終わりの形態素（語幹や接尾辞など）に子音で始まる接尾辞が接辞したり，（165b）のように「/a, æ/＋子音」という音連続終わりの形態素に母音始まりの形態素が接辞したりすることで起こる。

（165）母音弱化が起きる環境

a.　…{a, æ} -CV

b.　…{a, æ}C -V

以下では（165a, b）それぞれの音韻環境をもつ語例を「…{a, æ}-CV タイプ」，「…{a, æ}C-V タイプ」と表記する。また，この母音弱化規則によって現れる母音のことを本書では弱化母音という。母音弱化の例を（166）に示す。

（166）a. …{a, æ} -CV タイプ

/語幹/	語幹-3. POSS（/-si/）	
/al.m**a**/	al.m**i**.-si	“りんご”

/ba.l**a**/	ba.l**i**.-si	“こども”
/ʧi.k**æ**/	ʧi.k**i**.-si	“こめかみ”

b. …{a, æ}C -V タイプ

/語幹/	語幹-3. POSS（/-i/）	
/a.r**a**q/	a.r**i**.q-i	“酒”
/am.b**a**r/	am.b**i**.r-i	“倉庫”
/dæp.t**æ**r/	dæp.t**i**.r-i	“ノート”

※ 3 人称所有接尾辞はその直前が子音である場合には [i] で，母音である場合には [si] で実現する。

本書ではこの母音弱化現象を（167）の母音弱化規則（[＋低舌性］と「舌の前後の素性」の削除規則）と（168）のデフォルト規則によってとらえる。

（167）母音弱化規則（[＋低舌性］と「舌の前後の素性」の削除規則）
語中の開音節内に存在する非円唇低舌短母音（/a, æ/）がもつ［＋低舌性］，及び「舌の前後の素性」（[舌頂音性]，［舌背音性]）を削除せよ。

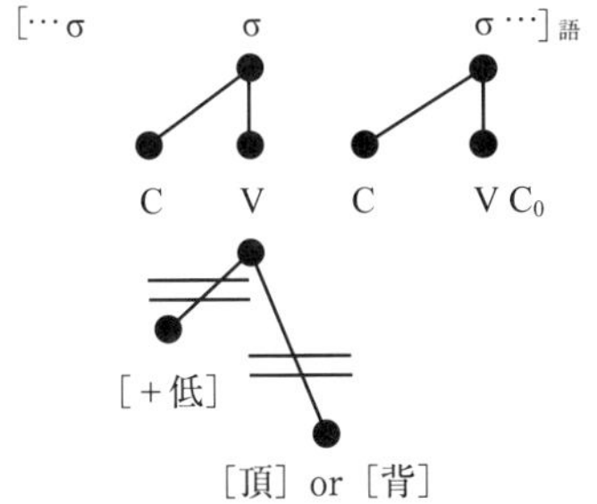

※ この規則では［＋低舌性］の削除だけでなく，「舌の前後の素性」の削除も仮定している。この理由は下の（169）以下で述べる。

（168）デフォルト規則

舌の高さが未指定の母音に［＋高舌性］を付与せよ。

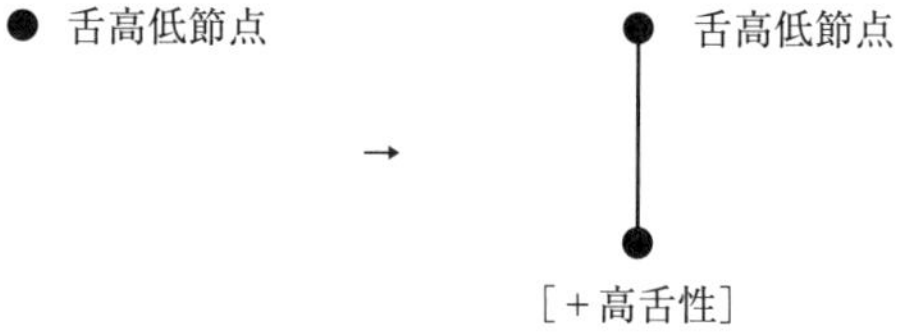

派生を下の（169）に示す。

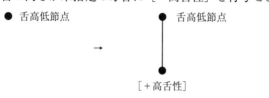

（169）例：/alma-si/　[almisi] リンゴ-3. POSS

i. 基底形　→　ii. 母音弱化規則　→　iii. デフォルト規則

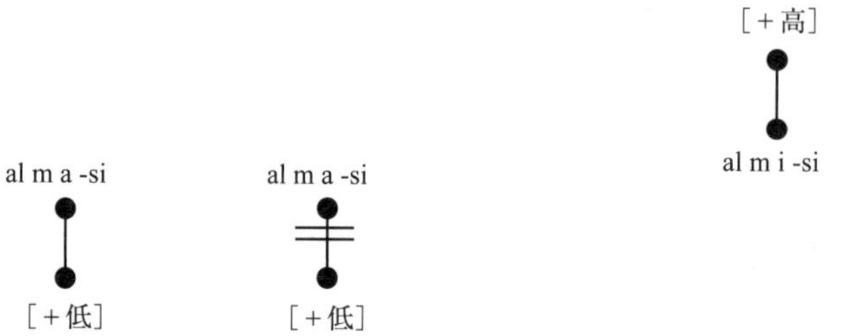

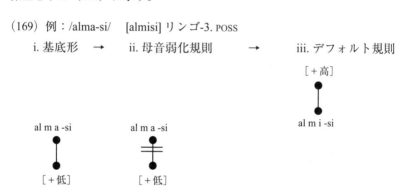

舌の高さが変わることを捉えるだけであれば，上の（167）の母音弱化規則で行われる操作は［＋低舌性］の削除だけで十分である。しかし，（167）の母音弱化規則では「舌の前後の素性」（［舌頂音性］，［舌背音性］）の削除も仮定している。このように仮定するのは，/a, æ/ は弱化した際に自身のもつ「舌の前後の素性」を維持していないと考えられるためである。例えば，後舌母音の /a/ は［舌背音性］をもつので，弱化した際には非円唇後舌母音（[ɨ] ないし [ɯ]）で実現することが予測される。しかし，実際には周りの子音の影響を受け，前舌になることがある（例：/buʁdaj-Im/ “私の小麦” [buʁdijim], *[buʁdɨjim][13]）。このことから，母音弱化規則においては「舌の前後の素性」の削除も行われると本書では考える。また，削除された後には，上で示した

[13] /buʁdaj-Im/ における /a/ は弱化した場合，隣接する硬口蓋音 /j/ の影響を受け [i] で実現する。またこれには後述する弱化母音の「唇の調和」が起こり [buʁdujum] という形式も認められる。

（148）と（149）のように，隣接する子音がもつ（CPlace 内の）［舌頂音性］や［舌背音性］が拡張することで素性指定を受ける。もしくは，子音からの素性拡張がなかったとしても，余剰規則などによって素性指定を受けると考えられる[14]。

4.2.2. 弱化母音の「唇の調和」

4.2.1.1. 節と 4.2.1.2. 節では，「唇の調和」と母音弱化という 2 つの現象が現代ウイグル語で起こることを示したが，この 2 つが関わる現象が弱化母音の「唇の調和」である。下の（170）と（171）で太字で示されている /a, æ/ は接尾辞が接辞すると語中の開音節内に存在することになるため弱化する（母音弱化）。この弱化母音の直前に円唇母音が存在する場合，弱化母音はその円唇母音と「唇の調和」を起こし円唇母音になる（「唇の調和」）。なお，「唇の調和」は上の（160a, b）でも示したように任意に起こる。起こらなかった場合には /a, æ/ はともに [i] で実現する。

（170）…{a, æ}-CV タイプ

/語幹/	i. 語幹-LIK（/-lIK/）[15]	ii. 語幹-3.POSS（/-si/）	
/bo’p**a**/	bo:.p**u**.-luq~bo:.pi.-liq	bo:.p**u**.-si~bo:.pi.-si	“包み” 中 < *baofu*
/ʃorp**a**/	ʃor.p**u**.-luq~ʃor.pi.-liq	ʃor.p**u**.-si~ʃor.pi.-si	“スープ” ペ < *shōrbā*
/tø’g**æ**/	tø:.g**y**.-lyk~tø:.gi.-lik	tø:.g**y**.-si~tø:.gi.-si	“ラクダ”

（171）…{a, æ}C -V タイプ

/語幹/	i. 語幹-1.SG.POSS（/-Im/）	ii. 語幹-3.POSS（/-i/）	
/qul**a**ʁ/	qu.l**u**.ʁ-um~qu.li.ʁ-im	qu.l**u**.ʁ-i~qu.li.ʁ-i	“耳”[16]
/buw**a**q/	bu.w**u**.q-um~bu.wi.q-im	bu.w**u**.q-i~bu.wi.q-i	“赤ん坊”[17]

---

[14] 子音の影響がない環境，例えば母音を単独で発話した場合には /i/ は前舌母音の [i] で実現する。そのため，「［－円唇性］と［＋高舌性］をもつ母音に［舌頂音性］を付与せよ」とするような［舌頂音性］を与える余剰規則が必要になるだろう。

[15] /-lIK/ の /K/ はそれが接辞する語幹の最終母音が前舌の場合は [k] で，後舌の場合は [q] で実現する。/-lIK/ は，「～をもつ」，「～付きの」という意味を表す。

[16] /qul**a**ʁ/ の /ʁ/ は音節末に位置する場合 [q] になる（例：[qu.laq]）。

/jold**a**ʃ/	jol.d**u**.ʃ-um~jol.di.ʃ-im	jol.d**u**.ʃ-i~jol.di.ʃ-i	“同志”
/jyr**æ**g/	jy.r**y**.g-ym~jy.ri.g-im	jy.r**y**.g-i~jy.ri.g-i	“心臓”
/yst**æ**l/	ys.t**y**.l-ym~ys.ti.l-im	ys.t**y**.l-i~ys.ti.l-i	“机” ロ < *stol*
/ɦørm**æ**t/	ɦør.m**y**.t-ym~ɦør.mi.t-im	ɦør.m**y**.t-i~ɦør.mi.t-i	“尊敬” ア < *ḥurmat*
/kyld**a**n/	**kyl**.d**y**.n-ym~**kyl**.di.n-im	**kyl**.d**y**.n-i~**kyl**.di.n-i	“灰皿”[18]
/ruχs**æ**t/	**ru**χ.s**u**.t-um~**ru**χ.si.t-im	**ru**χ.s**u**.t-i~**ru**χ.si.t-i	“許可” ア < *ruhṣat*

この現象は上の（162）で示した「唇の調和」規則によって捉えられる。ただ，/a, æ/ は非円唇母音なので，［－円唇性］をもつと考えられる。その［－円唇性］を弱化した際に維持しているのであれば拡張はできないはずであるが（170）と（171）の語彙では拡張できている。このことについては 4.2.3.2. 節で改めて議論する。

派生を（172）に示す。

（172）例：/qul**a**ʁ-Im/ [quluʁum] 耳-1.POSS

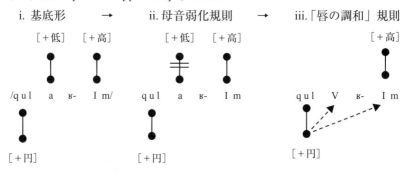

i. 基底形 → ii. 母音弱化規則 → iii.「唇の調和」規則

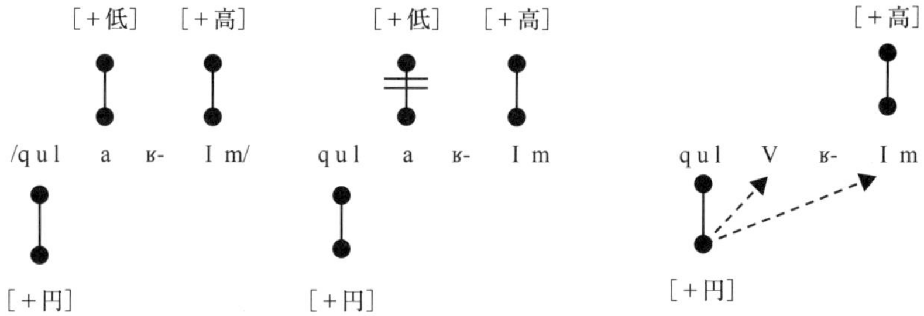

※ここでは V は舌の高さが指定されていない母音を表す。

---

[17] 話者によっては /buwaq/ の /q/ は音節末以外の位置では [ʁ] になる（例：[bu.wu.**ʁ**um]）。このような形式を文法的とする話者は，末尾の口蓋垂音を /q/ ではなく，/ʁ/ と記憶していると考えられる（/buwa**ʁ**/）。そして /ʁ/ が音節末に位置する際には，/qulaʁ/ 同様 [q] になる。

[18] /kyl/ は“灰”をあらわす固有語であるが，/-dan/ は Göksel and Kerslake（2005: 61）によれば，ペルシア語由来の名詞を派生させる接辞である（ただ，生産性が低いので，レキシコンには /kyl-dan/ の形で登録されていると考えられる）。なお，/kyldan/ や /ruχsæt/ のような母音調和していない母音配列をもつ語幹で弱化母音の「唇の調和」が起きた場合，非初頭音節内の母音は初頭音節と舌の前後位置が一致する（[ok]kyl.d**y**.n-**y**m, *kyl.d**u**.n-**u**m, [ok]ruχ.s**u**.t-**u**m, *ruχ.s**y**.t-**y**m）。

以下では弱化母音の「唇の調和」が起きない語彙（例外）があることを示す。また，もともと［－円唇性］をもっていた非円唇低舌母音がなぜ，上の（170）と（171）において円唇母音になれるのかについて考察する。

4.2.3. 例外の存在

4.2.3.1. 弱化母音の「唇の調和」が起きない語彙

現代ウイグル語には弱化母音の「唇の調和」が起きない語彙が存在する。それらは全て借用語である。

(173)[19, 20]

a.　…{a, æ}C -V タイプ

/語幹/	i. 語幹-1.SG.POSS (/-Im/)		ii. 語幹-3.POSS (/-si/)		
/roman/	rom**i**n-im	??rom**u**n-um	rom**i**n-i	*rom**u**n-i	“小説” ロ < *roman*
/muddæt/	mudd**i**t-im	*mudd**u**t-um	mudd**i**t-i	*mudd**u**t-i	“期間” ア < *muddat*
/χuptæn/	χupt**i**n-im	*χupt**u**n-um	χupt**i**n-i	*χupt**u**n-i	“礼拝時間の 1 つ” ペ
/χumdan/	χumd**i**n-im	*χumd**u**n-um	χumd**i**n-i	*χumd**u**n-i	“窯” ペ
/ʒurnal/	ʒurn**i**l-im	*ʒurn**u**l-um	ʒurn**i**l-i	*ʒurn**u**l-i	“雑誌” ロ < *žurnal*

b.　…{a, æ} -CV タイプ

/語幹/	語幹-3.POSS (/-si/)		
/wotka/	wotk**i**si	??wotk**u**si	“ウォッカ” ロ

これらの語彙では語中の開音節内の /a, æ/ が弱化し，さらに直前に円唇母音が存在する。そのため，これらの語彙でも上の（170）や（171）の語彙のように弱化母音の「唇の調和」が起きることが予測される。しかし，実際にはそのような形式は認められない。つまり，現代ウイグル語には，下の（174）に示すように，弱化母音の「唇の調和」が起きる語彙と，起きない語彙という 2 つがあることになる。

---

[19] /ʒurnal/ について，Ö. Ä. 氏は，[ʒur.nu.lum] のように，弱化母音に「唇の調和」が起きた形式を不適格としたが，Ä. Ä. 氏は文法的だとした。

[20] /χuptæn/，及び /χumdan/ については借用元言語における音形がわからなかった。

(174) 現象からみた語彙グループの区別

	a. 起きる語彙	b. 起きない語彙
弱化母音の「唇の調和」	/qulaʁ/, /joldaʃ/, /ystæl/, /ɦørmæt/	/muddæt/, /χuptæn/, /χumdan/, /ʒurnal/

(174) では単純に弱化母音の「唇の調和」という現象が起きるかどうかという点でまとめている。これは，母音弱化規則と「唇の調和」規則の適用・不適用に基づいて語彙がレキシコンにおいて区別されているのではなく，次節で述べる［－円唇性］の削除規則の適用・不適用に基づいて語彙が分かれていると本書では考えるためである。次節では，［－円唇性］の削除規則を仮定すべきであることを示すために，「弱化母音の唇の調和が起きない」という事実をどう説明すべきかを議論する。

4.2.3.2. 弱化母音の「唇の調和」が起きないことへの説明

4.2.3.1. 節では弱化母音の「唇の調和」が起きる語彙と起きない語彙があることを示したが，「弱化母音の唇の調和が起きない」という事実は，2つの形で説明が可能だと考えられる。一つは，「後続母音が［＋円唇性］の拡張を受け入れることができない」ため，「唇の調和が起きない」とする説明である。これを説明1と呼ぶことにする。もう一つは，「円唇母音がもつ［＋円唇性］が後続母音に拡張しない」ため，「唇の調和が起きない」とする説明である。これを説明2と呼ぶことにする。つまり，「唇の調和」が起きない原因が［＋円唇性］を受ける側にあるとするのが説明1，［＋円唇性］を拡張する側にあるとするのが説明2である。

(175)

説明1 原因：拡張を受ける側。後続母音が［＋円唇性］の拡張を受け入れることができない。(円唇母音のもつ［＋円唇性］は任意に拡張できる。)

説明2 原因：拡張する側。円唇母音のもつ［＋円唇性］が後続母音に拡張しない。
(後続母音は［＋円唇性］の拡張を受け入れることができる。)

以下では説明1と説明2どちらに妥当性があるかをみる。それを通して，説明1の方に妥当性があることを示す。

4.2.3.2.1. 説明1

説明1では，原因は拡張を受ける側にあるとするので，上の（174b）の語彙の弱化母音が拡張を受け入れることができないと仮定することになる。このことは，下の（176）に示すように，弱化母音が基底の /a, æ/ の段階からすでにもっている［−円唇性］を保持していると考えれば，うまく捉えることができる。

（176）弱化母音の「唇の調和」が起きない語彙　例：roman“小説”ロ < *roman*

例：/roman-Im/ [rominim], *[romunum] 小説-1.SG.POSS

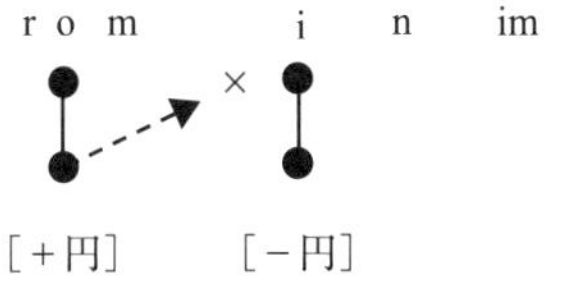

説明1で問題になるのは，「(174a）に示した語彙（/qulaʁ/ など）では，なぜ［+円唇性］は［−円唇性］をもつ弱化母音に拡張してよいのか」ということである。(174a）の語彙も（174b）と同様に弱化母音は［−円唇性］をもつはずなので，円唇母音の［+円唇性］は拡張できないことになる。この問題は下の（177）に示す［−円唇性］の削除規則を仮定することで解決できる。

(177)［－円唇性］の削除規則

語中の開音節内に存在する非円唇低舌短母音（/a, æ/）がもつ［－円唇性］を削除せよ。

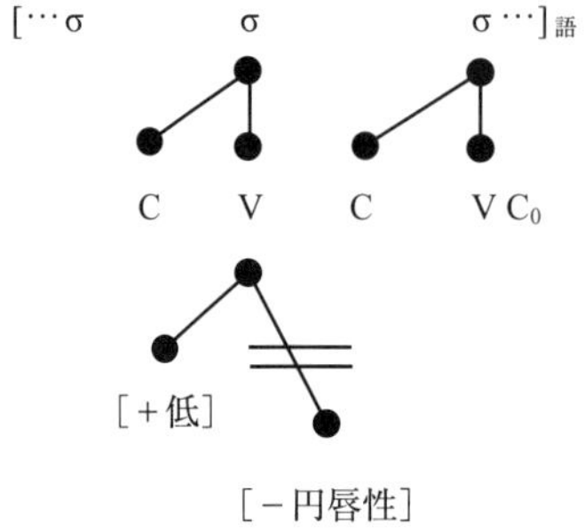

この規則は上の（167）に示した母音弱化規則と同じ環境において適用される。また，母音がもつ特性を削除しようとしている点でも（167）と共通しているため，（177）の規則は母音弱化規則の一つと考えられる。ただ，（167）の規則と区別するため，（177）の規則は（母音弱化規則と呼ばずに）［－円唇性］の削除規則と呼ぶことにする。

この規則を仮定すると，［－円唇性］の削除規則の適用・不適用に基づいて語彙がレキシコンにおいて区別されていることになる。適用される語彙においては（179）に示すように「唇の調和」規則が適用される環境が整うので，弱化母音が円唇母音となって現れる。一方で，適用されない語彙では（180）に示すように「唇の調和」規則が適用される環境が整わないので，弱化母音が非円唇母音のままで現れる。

(178) レキシコン内での語彙グループの区別

	a. 適用される語彙グループ	b. 適用されない語彙グループ
［－円唇性］の削除規則	/qulaʁ/, /joldaʃ/, /ystæl/, /ɦørmæt/	/muddæt/, /χuptæn/, /χumdan/, /ʒurnal/

弱化母音の「唇の調和」が起きる。

弱化母音の「唇の調和」が起きない。

(179)（178a）の語彙の派生　例：/qulaʁ-Im/ [quluʁum] 耳-PL.1.POSS

i. 基底形　→　ii. 母音弱化規則　→　iii.「唇の調和」規則
［－円唇性］の削除規則

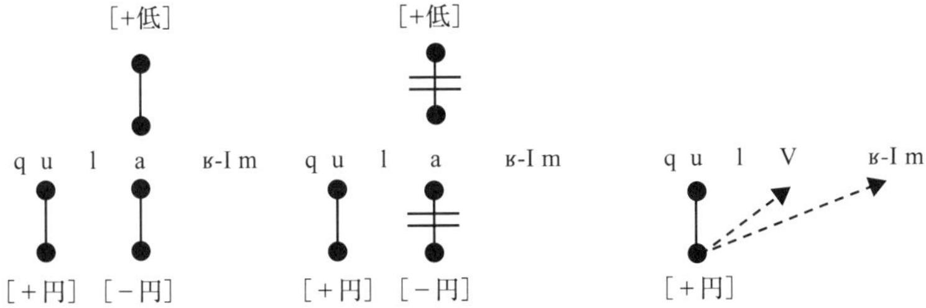

→ iv.デフォルト規則：舌の高さが指定されていない母音に［＋高舌性］を指定せよ。

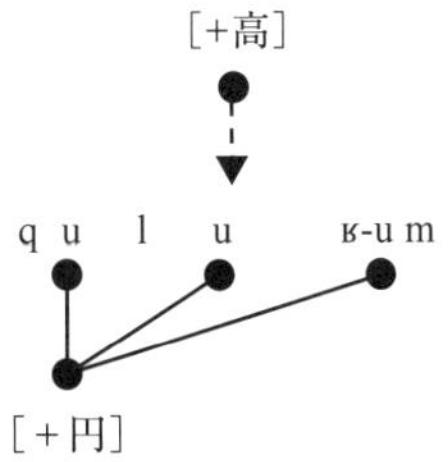

(180)（178b）の語彙の派生　例：/χumdan-Im/ [χumdinim] 窯-PL.1.POSS

i. 基底形　→　ii. 母音弱化規則　→　iii. デフォルト規則

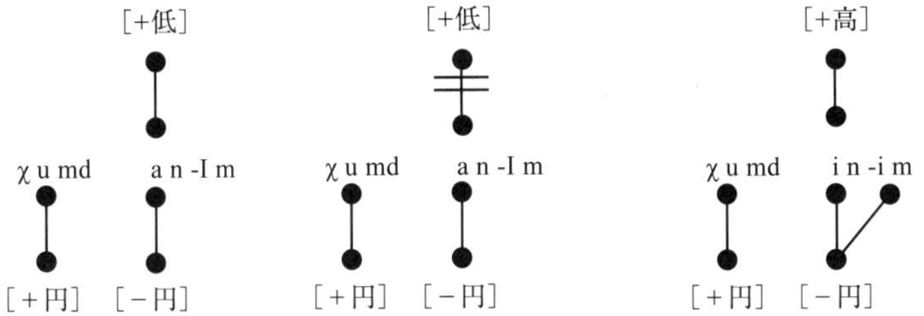

※ /χumdan/ では［－円唇性］の削除規則は適用されないと考える。

次節では説明 2 の可能性をみて，説明 2 が妥当ではないことを示す。

4.2.3.2.2. 説明 2

説明 2 では，原因は拡張をする側にあるとするので，上の（174b）の語彙の円唇母音は後続母音に［＋円唇性］を拡張しないことになる。このことは，（174b）の語彙に「唇の調和」規則が適用されないと考えることで，うまく捉えることができる。

（181）レキシコン内での語彙グループの区別

	a. 適用される語彙グループ	b. 適用されない語彙グループ
「唇の調和」規則	/qulaʁ/, /joldaʃ/, /ystæl/, /ɦørmæt/	/muddæt/, /χuptæn/, /χumdan/, /ʒurnal/

	⇩	⇩
	弱化母音の「唇の調和」が起きる。	弱化母音の「唇の調和」が起きない。

この場合でも，説明 1 と同様,「（174a）に示した語彙（/qulaʁ/ など）では，なぜ［＋円唇性］は［－円唇性］をもつ弱化母音に拡張してよいのか」ということが問題になる。この問題は,「唇の調和」規則を下の（182）のように改訂することで解決する。

（182）「唇の調和」規則（改訂版）※この規則は後に破棄する。

i.［±円唇性］が未指定になっている母音，または ii. 舌の高さが指定されていない母音に直前の母音がもつ［±円唇性］を拡張せよ。（適用は任意）

母音弱化規則が適用された母音はこの規則の ii. に当てはまる，また，（182）の定義では ii. に当てはまる母音が［－円唇性］をもたないことを要求していないので，（183)-iii に示すように，弱化母音が［－円唇性］をもっていたとしても拡張できることになる。

（183）（178a）の語彙の派生（（182）の規則を仮定した場合）

例：/qulaʁ-Im/ [quluʁum] 耳-PL.1.POSS

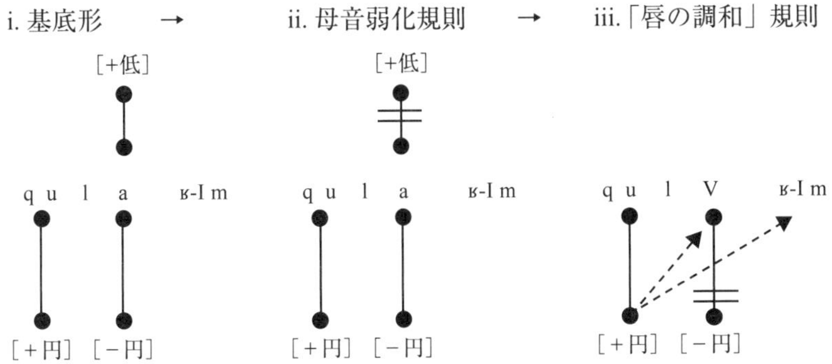

ただ，この規則には解決しなければならないいくつかの問題点がある。まず，なぜ舌の高さが指定されていない場合には弱化母音が［−円唇性］をもっていたとしても［+円唇性］が拡張できるのか，説明を与えなければならない。他にも，任意な規則であるはずの「唇の調和」規則がなぜ，弱化母音の［−円唇性］を削除してまで適用されるのか説明を与えなければならない。また，弱化母音の「唇の調和」は下の（184）に示すように接尾辞内の弱化母音にも起こる。これを踏まえて，説明2を仮定すると，現代ウイグル語には下の（185）のように，「唇の調和」規則が適用されない語彙というものがあり，それに後続する接尾辞内の弱化母音は常に非円唇母音で現れる，ということが予測される。しかし，実際にはそういったことは観察されていない。

(184) 弱化母音の「唇の調和」は接尾辞内の母音にも起こる。

/søz-l**A**r-Im/　　søz-l**y**r-ym~søz-lir-im“私の言葉（複数）”

言葉-PL-1.SG.POSS

/ur-m**A**-dIm/　　ur-m**u**-dum~ur-mi-dim“私は殴らなかった”

殴る-NEG-1.SG.PAST

(185)「唇の調和」規則が後続する接尾辞内の弱化母音に適用されない語彙：実際には観察されない。

/søz/　“言葉”［+円唇性］が拡張しない語彙

/søz-l**A**r-Im/　　søz-l**i**r-im　　*søz-l**y**r-ym

言葉-PL-1.SG.POSS

このように説明2には解決しなければならないいくつかの問題点があることから，本書では説明2ではなく，説明1を採用し，(177) の［－円唇性］の削除規則が働くと仮定する。

次節ではr挿入についてみていくことにする。

4.3. r挿入

本節ではr挿入に着目する。r挿入には所有接尾辞が関わるので，まず，4.3.1. 節では，所有接尾辞について述べる。4.3.2. 節では，r挿入を記述する規則を提案する。そして，r挿入が起きる語彙と起きない語彙があることを示し，r挿入規則の適用・不適用に基づいて語彙がレキシコンにおいて区別されていることを示す。さらに4.3.3. 節では，なぜ，挿入現象が起きるのかについて，4.3.4. 節では，なぜ，/r/ が挿入要素として選ばれるのかということについて議論する。最後に4.3.5. 節では，有標母音で終わる語幹においてもr挿入が起きることを述べ，それらについては語彙（語幹）がレキシコンにおいて区別されていると積極的に考える必要はないことを述べる。

4.3.1. 所有接尾辞

r挿入は所有接尾辞が接辞する際に起きる。現代ウイグル語の所有接尾辞を下の (186) に示す。

(186)[21] 所有接尾辞

<table>
<tr><th></th><th>単数</th><th>複数</th></tr>
<tr><td>1人称</td><td>/-(I)m/</td><td>/-(i)miz/</td></tr>
<tr><td>2人称</td><td>/-(I)ŋ/</td><td rowspan="2">/-(I)ŋlAr/</td></tr>
<tr><td>2人称（尊敬）</td><td>/-(i)ŋiz/</td></tr>
<tr><td>3人称</td><td colspan="2">/-si/~/i/</td></tr>
</table>

21 ここでは伝統的な所有接尾辞のパラダイムの示し方にならい2人称複数の所有接尾辞として /-IŋlAr/ を挙げている。しかし，これは実際には1つの接尾辞というわけではなく，2人称単数の所有接尾辞 /-Iŋ/ と複数接尾辞の /-lAr/ という2つの形態素により形成されていると考えられる。

(186) 中の括弧内の母音は無標母音で終わる語幹に接辞する際には削除される。また，3 人称の所有接尾辞には /-si/ と /-i/ という 2 つの形式があると考えられ，母音で終わる語幹には /-si/ が接辞し，子音で終わる語幹には /-i/ が接辞する。これらの接尾辞が接辞した形式の具体例を下の (187) と (188) に示す。

(187) 母音終わりの語幹に所有接尾辞が接辞した例　語幹：alma “りんご”

<table>
<tr><th></th><th colspan="2">単数</th><th colspan="2">複数</th></tr>
<tr><td>1 人称</td><td>/-(I)m/</td><td>alma-m</td><td>/-(i)miz/</td><td>almi-miz</td></tr>
<tr><td>2 人称</td><td>/-(I)ŋ/</td><td>alma-ŋ</td><td rowspan="2">/-(I)ŋlAr/</td><td rowspan="2">alma-ŋlar</td></tr>
<tr><td>2 人称（尊敬）</td><td>/-(i)ŋiz/</td><td>almi-ŋiz</td></tr>
<tr><td>3 人称</td><td colspan="4">/-si/~/i/　almi-si</td></tr>
</table>

(188) 子音で終わる語幹に所有接尾辞が接辞した例　語幹：pul “お金”

<table>
<tr><th></th><th colspan="2">単数</th><th colspan="2">複数</th></tr>
<tr><td>1 人称</td><td>/-(I)m/</td><td>pul-um</td><td>/-(i)miz/</td><td>pul-imiz</td></tr>
<tr><td>2 人称</td><td>/-(I)ŋ/</td><td>pul-uŋ</td><td rowspan="2">/-(I)ŋlAr/</td><td rowspan="2">pul-uŋlar</td></tr>
<tr><td>2 人称（尊敬）</td><td>/-(i)ŋiz/</td><td>pul-iŋiz</td></tr>
<tr><td>3 人称</td><td colspan="4">/-si/~/i/　pul-i</td></tr>
</table>

Hahn (1998: 389) では，本書の考えとは異なり，括弧内の母音は基底形には存在せず，子音で終わる語幹に接辞する際に挿入されるとしている (/pul-m/ → [pul-um])。しかし，そう考えると，1 人称単数の接尾辞には母音調和する高舌母音 (/I/)，1 人称複数の接尾辞には /i/，というように接尾辞ごとにどの母音が挿入されるかを覚えていなければならない。そうではなく，これらの母音は基底の段階から存在しており，母音終わりの語幹に接辞する際には母音が削除される (V → Ø/V-__)，としたほうが簡潔である。また，3 人称所有接尾辞について本書では /-si/ と /-i/ という 2 つの形式があると仮定している。一見すると，3 人称所有接尾辞の基底形は /-si/ で，子音終わりの語幹に接辞する際には /s/ が削除されると仮定できそうである (s → Ø/C-__)。しかし，下の (189) に示すように他の /s/ で始まる接尾辞において

はこのような削除は起きないので，s → Ø/C-__ という規則があるとは考えにくい。

（189） /-sA/ 条件接尾辞
/bar-sa/ bar-sa, *bar-a "行くなら"
行く-COND
/-sun/3 人称命令接尾辞
/kæl-sun/ kæl-sun, *kæl-un "（彼／彼女に）来てほしい"
来る-SUN
※ 3 人称命令接尾辞は動詞語幹に接辞し，第三者への話し手の願望を表す。

そのため，3 人称の所有接尾辞として /-si/ と /-i/ という 2 つの形式があると仮定し，それぞれを接辞させる下の（190）の規則を仮定しておく。なお，以下では（190a, b）それぞれを簡略的に -si/V 規則，-i/C 規則と表記する。

（190） a. 3 人称所有接尾辞規則 {3.POSS} → -si/V__ （-si/V 規則）
直前が母音である場合，{3.POSS} を /-si/ とせよ。
b. 3 人称所有接尾辞規則 {3.POSS} → -i/C__ （-i/C 規則）
直前が子音である場合，{3.POSS} を /-i/ とせよ。

次節では r 挿入がどのような現象であるのかを紹介する。また，規則を提案し，その規則の適用・不適用に基づいて語彙がレキシコンにおいて区別されていることを示す。

4.3.2. 現象，及び規則と語彙グループ

4.3.2.1. 現象

現代ウイグル語の所有接尾辞は上の（187）や（188）で示したような形式で現れるのが一般的である。しかし，子音で終わる語幹の中には下の（191）に示すように，母音で始まる所有接尾辞が接辞する際に，語幹と接尾辞の間に /r/ が現れるものがある。なお，（191）のような子音で終わる語幹だけに /r/ が現れるというわけではなく，有標母音で終わる語幹でも /r/ が現れるが，

それについては 4.3.5. 節で述べる。

（191）接尾辞との間に /r/ が現れる語幹　例　[pi:di:ef]“PDF”英[22]

	単数		複数	
1人称	/-(I)m/	pi:di:ef -rim	/-(i)miz/	pi:di:ef -rimiz
2人称	/-(I)ŋ/	pi:di:ef -riŋ	/-(I)ŋlAr/	pi:di:ef -riŋlar
2人称（尊敬）	/-(I)ŋiz/	pi:di:ef -riŋiz		
3人称	/-si/~/i/　pi:di:ef -si, pi:di:ef -ri			

※ 接尾辞との間に /r/ が現れる語幹に3人称の所有接尾辞が接辞した場合には /-i/ ではなく /-si/ が接辞する。また，/-ri/ という接尾辞も接辞する。この /-ri/ の /r/ は挿入ではないと考えられる[23]。

（191）に類する語彙を下の（192）に挙げる。（192）では1人称単数の所有接尾辞（/-Im/）がついた形式のみ挙げる。

（192）1人称単数における /r/ の出現

話者間で文法性の判断が多少異なるため，データを話者ごとに示す。

i. Ä. Ä. 氏，G. M. 氏[24]

	/語幹/	語幹-1.SG.POSS		
a.	/ejti’em/	ej.ti:.em.-**r**im	??ej.ti:.e.m-im	“ATM”英
b.	/pi’di’ef/	pi:.di:.ef.-**r**im	??pi:.di:.e.f-im	“PDF”英
c.	/biŋʃaŋ/	biŋ.ʃaŋ.-**r**im~	biŋ.ʃi.ŋ-im	“冷蔵庫”中 < *bingxiang*
d.	/χa’siŋ/	χa:.siŋ.-**r**im~	χa:.si.ŋ-im	“ピーナッツ”中 < *huasheng*
e.	/za’sæj/	za:.sæj.-**r**im~	za:.si.j-im	“ザーサイ”中 < *zhacai*
f.	/ʤi’pi’es/	ʤi:.pi:.es.-**r**im~ʤi:.pi:.e.s-im		“GPS”英

---

22 頭文字語については，借用元言語における語形を省略した。

23 一見すると，/-ri/ は，（190b）の -i/C 規則により /-i/ が接辞し，次に /r/ が挿入されることで現れると考えられそうである（例：/pi’di’ef-i/ → [pi:di:ef-**ri**]）。しかし，/-ri/ は（190b）の規則が適用されない有標母音終わりの語幹でもみられる（/jaŋju’/“ジャガイモ”中 [jaŋju:-ri]）。そのため，/-ri/ の出現に（190b）の規則が関連しているとは考えにくい。3人称所有接尾辞規則 {3. POSS} → -i/V’__ という規則があり，その規則の適用後 /r/ が挿入されるとも考えられるが，3人称所有接尾辞規則 {3. POSS} → -i/V’__ という規則の存在を支持する事実は管見の限り見つかっていない。おそらく現代ウイグル語には3人称の所有接尾辞として /-si/, /-i/, /-ri/ があり，/-ri/ は直前の分節音にかかわらず，r 挿入が起きる語彙（/em/ や /jaŋju’/ など）に接辞するのだと考えられる。

24 G. M. 氏も Ä. Ä. 氏と同じような文法性判断であったため，ここではまとめて示す。

g.　/em/　em.-**r**im　?e.m-im　“M（という文字）”英, ロ[25]

ii. Ö. Ä. 氏

a.　/ʤi, pi'es/　ʤi:.pi:.es.-**r**im　?ʤi:.pi:.e.s-im　“GPS”英

b.　/χa'siŋ/　χa:.siŋ.-**r**im~　χa:.si.ŋ-im　“ピーナッツ”中 < *huasheng*

c.　/wagon/　wa.gon.-**r**um　?wa.go.n-um　“車両”ロ < *vagon*

iii. A. B. 氏

/biŋʃaŋ/　biŋ.ʃaŋ.-**r**im~biŋ.ʃi.ŋ-im　“冷蔵庫”中 < *bingxiang*

上の（191）や（192）に示す語彙は全て子音で終わっているため，上の（188）や（188）に類する下の（193）の語彙のように，そのまま所有接尾辞が接辞することが予測される。しかし，実際には [pi:di:ef-**r**im] のように /r/ が現れる。

（193）r 挿入が起きない子音で終わる語彙

	/語幹/	語幹-1.SG.POSS		
a.	/jiriŋ/	jiriŋ-im	*jiriŋ-**r**im	“膿”
b.	/momaj/	momij-im	*momaj-**r**im	“お婆さん”
c.	/is/	is-im	*is-**r**im	“煙”
d.	/aŋ/	eŋ-im	*aŋ-**r**im	“感覚”

どういった語彙で r 挿入が起きるかというのは話者によって多少異なるものの，全て借用語であり，（194a-c）のいずれかに該当する。また，これも話者によるが，いくつかの単語に関しては，/r/ が挿入されていない形式も認められる。

（194）a. 中国語からの借用語　例：biŋʃaŋ, za:sæj, χa:siŋ

b. 頭文字語（英語からの借用語）　例：pi:di:ef, ʤi:pi:es, ejti:em

c. ロシア語からの借用語　例：wagon

※ 調査した限りでは，子音終わりのロシア語からの借用語で /r/ が現れるのは [wagon] のみであった。

---

[25] 現代ウイグル語で，*m* の音価をもつ文字（“م”）の名前は [mi:] であるので，*m* という文字，及び [em] という発音は英語またはロシア語からの借用語としている。

次節では，この /r/ の出現について記述した規則を提案し，その規則の適用・不適用に基づいて語彙がレキシコンにおいて区別されていることを示す。

4.3.2.2. 規則と語彙グループ

前節では，子音で終わる語幹の中には，接尾辞との間に /r/ が現れるものがあることを示した。この現象は下の（195）の r 挿入規則 ø → r/C - __ V によって記述される。なお，以下ではこの規則を簡略的に r/C 規則と表記する。

（195）r 挿入規則 ø → r/ C - __ V（r/C 規則）
子音で終わる語幹に，母音で始まる接尾辞が後続する際，その間に /r/ を挿入せよ。

r
⇓
...C - V...　→　...CrV...

（191）と（192）の語彙（/biŋʃaŋ, wagon/ など）に対して，（188）と（193）のような語彙（/jiriŋ, momaj/ など）があることを考えると，現代ウイグル語のレキシコンでは，r/C 規則の適用・不適用に基づいて語彙が区別されていると考えられる。

（196）レキシコン内での語彙の区別

	a. 適用される語彙	b. 適用されない語彙
r/C 規則	biŋʃaŋ, wagon, χaːsiŋ, em	jiriŋ, momaj, is, aŋ

なお，本書では /r/ は挿入によって現れると分析しているが，この /r/ が元々基底形の段階から存在しており，それが /alma/ や /pul/ においては削除されるという分析も可能ではある（例：/pul-**r**Im/）。次節では /r/ が挿入されているとする本書の分析を r 挿入案，削除されるという分析を r 削除案と呼び，r 削除案が妥当ではないことを示す。

4.3.2.3. r削除案に対する反論

本節では，/ejti'em-rIm/ のように，/r/ が接尾辞側の基底形にあると仮定する[26]。

r削除案では，下の（197a）の /r/ を削除する規則と，（197b）の母音を削除する規則の2つが必要になる。この2つの規則を仮定した場合の派生を下の（198）に示す。

（197）a. r削除規則：r → Ø/{無標母音, C} -__
無標母音で終わる語幹，もしくは子音終わりの語幹に後続する形態素の初頭の /r/ を削除せよ。なお，この規則は（196a）の語幹では適用されないと仮定する。

b. 母音削除規則：V → Ø/ V-__
形態素境界を挟んで母音が連続している場合，後ろの母音を削除せよ。

（198）（197）を仮定した場合の派生

	/alma-rIm/	/pul-rIm/	/em-**r**Im/
	リンゴ-1.SG.POSS	お金-1.SG.POSS	M-1.SG.POSS
（197a）r削除規則	alma-Im	pul-Im	不適用
（197b）母音削除規則	alma-m	不適用	不適用
母音調和規則など	不適用	pul-um	em-rim
音声形	alma-m	pul-um	em-**r**im

r削除案が妥当ではないと考えられるのは，（197a）の規則の適用環境である「無標母音で終わる語幹」と「子音で終わる語幹」という2つの環境に共通点が見出せない点である。一般的に音韻規則は，母音間や音節末といったように自然類としてまとめられる適用環境をもつ。しかし，下の（199）に示すように，/r/ の直前の分節音や，/r/ の直前の音節の構造などに共通点が見出せず，（197a）の規則の適用環境は自然類としてまとめられない。

---

[26] /ejti'emr-Im/ のように，語幹側にあるという考えもできるが，借用元言語において存在していなかった子音が添加されるという不自然な想定をしなければならないため，ここでは考慮しない。

(199) 規則の適用環境に共通点が見出せない。

	無標母音で終わる語幹 例：alma	子音で終わる語幹 例：pul
/r/ の直前の分節音	母音	子音
/r/ の直前の音節の構造	開音節，軽音節	閉音節，重音節

r 削除案にはこのような問題点があることから，本書では r 削除案を採用せず，r 挿入案を採用する。以下の 4.3.3. 節と 4.3.4. 節では，それぞれ，i. なぜ挿入が起きるのか，ii. なぜ /r/ が挿入要素として選ばれるのかについて議論する。なお，4.3.3. 節から 4.3.5. 節においては r 挿入に関する細かい議論を行うため，現代ウイグル語の語彙グループに興味がある方は 4.3.5. 節までは読み飛ばしていただいて構わない。

4.3.3. 挿入が起きる理由

Vaux (2001) や Lombardi (2002) のような諸言語の挿入現象を扱った研究をみる限り，挿入というのは子音連続や母音連続を避けるために起こる。しかし，上の (196a) の語彙では子音と母音の間に挿入が起きているため，子音連続や母音連続を避けるため挿入が起きるという考え方はできない。本書ではこの r 挿入は，整列 (ALIGN) 制約の要請により起きていると考える。整列 (ALIGN) 制約というのは，McCarthy and Prince (1993) が提案した制約で，形態論的，あるいは統語論的なカテゴリーの末端（左端か右端）と，音韻論的なカテゴリーの末端を揃えよとする制約である。現代ウイグル語においては，この整列制約の一つである下の (200) の「ALIGN（語幹，右端：音節，右端）」が上の (196a) の語彙に働くため，r 挿入が起きるのである。

(200) ALIGN（語幹，右端：音節，右端）
語幹の右端と音節の右端を揃えよ。

例えば，[pi:di:ef] では，(201a) のように，/r/ が挿入されなかった場合，語幹末の子音である /f/ が接辞内の母音である /i/ と音節を形成してしまう。

この場合，語幹の右端と音節の右端が揃っていないことになる。一方で，(201b) のように /r/ が挿入されると，語幹の右端と音節の右端が揃う。なお，本節では議論に関連する語幹の右端を“**]**”で，議論に関連する音節の右端を“**)**”で表すことにする。

(201) a. /r/ が挿入されていない形式　pi:.di:.e.f-im
語幹の右端：/f/ の直後　pi:di: ef**]** -im
音節の右端：/e/ の直後　pi:.di:.e.**)** f -im
語幹の右端と音節の右端が揃っていない。
b. /r/ が挿入された形式　pi:.di:.ef.r-im
形態素の右端：/f/ の直後　pi: di: ef**]** -rim
音節の右端：/f/ の直後　pi:.di:.ef.**)** -rim
形態素の右端と音節の右端が揃っている。

この Align（語幹，右端：音節，右端）は 3 人称の所有接尾辞 /-si/~/-i/ においても働いていると考えられる。上の（196a）に示した r 挿入が起きる語幹は子音終わりなので，3 人称の所有接尾辞が接辞する場合，（188）の [pul-i] のように /-i/ が接辞することが予測される。しかし，（196a）に示した語幹では，下の（202）に示すように /-si/（または /-ri/）が接辞する。これは，これらの語彙に /-i/ が接辞してしまうと，（203a）のように，語幹の右端と音節の右端が揃わないが，（203b）のように，/-si/ であれば揃うためだと考えられる。なお，話者によるが，いくつかの単語に関しては，/-i/ が接辞した形式も認められる。

(202)
i. Ä. Ä. 氏，G. M. 氏
/語幹/　語幹-3.POSS

a. /ejti'em/	ej.ti:.em.-**si**（～ ej.ti:.em.-ri）	??ej.ti:.e.m-**i**	“ATM” 英
b. /pi'di'ef/	pi:.di:.ef.-**si**（～ pi:.di:.ef.-ri）	??pi:.di:.e.f-**i**	“PDF” 英
c. /biŋʃaŋ/	biŋʃaŋ-**si**（～ biŋ.ʃaŋ.-ri）	～ biŋ.ʃi.ŋ-**i**	“冷蔵庫” 中
d. /χa'siŋ/	χa:siŋ-**si**（～ χa:.siŋ.-ri）	～ χa:.si.ŋ-**i**	“ピーナッツ” 中

e. /za'sæj/　zaːsæj-**si**（～ zaː.sæj.-ri）　～ zaː.si.j-**i**　"ザーサイ" 中

f. /ʤi'pi'es/ʤiː.piː.es.-**si**（～ ʤiː.piː.es.-ri）～ ʤiː.piː.e.s-**i**　"GPS" 英

ii. Ö. Ä. 氏

a. /ʤi'pi'es/ʤiː.piː.es.-**si**（～ ʤiː.piː.es.-ri）?ʤiː.piː.e.s-**i**　"GPS" 英

b. /χa'siŋ/　χaː.siŋ.-**si**（～ χaː.siŋ.-ri）　～ χaː.si.ŋ-**i**　"ピーナッツ" 中

c. /wagon/　wa.gon.-**si**（～ wa.gon.-ri）　?wa.go.n-**i**　"車両" ロ

iii. A. B. 氏

/biŋʃaŋ/　biŋ.ʃaŋ.-**si**（～ biŋ.ʃaŋ.-ri）　～ biŋ.ʃi.ŋ-**i**　"冷蔵庫" 中

(203) a. /-i/ が接辞した形式　piː.diː.e.f-i

形態素の右端：/f/ の直後　piː diː ef**]** -i

音節の右端：/e/ の直後　piː.diː.e.**)** f -i

形態素の右端と音節の右端が揃っていない。

b. /-si/ が接辞した形式　piː.diː.ef.-si

形態素の右端：/f/ の直後　piː diː ef**]** -si

音節の右端：/f/ の直後　piː.diː.ef.**)** -si

形態素の右端と音節の右端が揃っている。

ここで (202) に示した語彙で /-si/ が接辞することを記述する規則を提案する。なお，以下ではこの規則を簡略的に -si/C 規則と表記する。

(204) 3 人称所有接尾辞規則 {3.POSS} → -si/C__ (-si/C 規則)

直前が子音である場合，{3.POSS} を /-si/ とせよ。

このような，ある形態素の右端と音節の右端を揃えようとする現象が，どれほど一般的なものなのかはわからないが，McCarthy and Prince (1993) をみてみると，少なくともアヒニンカ・カンパ語 (Axininca Campa)[27] やドイツ語では類似した現象が起きるようである。

[27] ペルーのアラワンカ語族に属する一言語

（205）アヒニンカ・カンパ語

[ai]，[oi] のような二重母音や長母音は 1 つの形態素内であれば認められ，1 つの音節を形成する。しかし母音連続が形態素境界をまたいでいる場合は，それらは 1 つの音節を形成できず別々の音節に属することになる。また，別々の音節に属することになった場合，母音間に /t/ が挿入される。

a. /i-N-koma-i/　i-ŋ.-ko.ma.-**t**i., *i-ŋ.-ko.ma-i　“彼は漕ぐ（未来形）”

形態素の右端　i-ŋ.-ko.ma.**]**-**t**i.

音節の右端　i-ŋ.-ko.ma.**)**-**t**i.

形態素の右端　*i-ŋ.-ko.ma**]**-i

音節の右端　*i-ŋ.-ko.ma-i**)**

b. /i-N-koma-ako-i/　i-ŋ.-ko.ma.-**t**a.ko.-**t**i, *i-ŋ.-ko.ma-a.ko-i“彼は～のため漕ぐ（未来形）”

形態素の右端　i-ŋ.-ko.ma.**]**-**t**a.ko.**]**-**t**i

音節の右端　i-ŋ.-ko.ma.**)**-**t**a.ko.**)**-**t**i

形態素の右端　*i-ŋ.-ko.ma**]**-a.ko**]**-i

音節の右端　*i-ŋ.-ko.ma-a**)**.ko-i**)**

［McCarthy and Prince 1993: 37（72）より抜粋，筆者が表記を一部改変］

（206）ドイツ語

「子音で終わる形態素＋母音始まりの形態素」という連続（C-V）があっても，子音は後続する母音と音節を形成しない。また，母音の前には，声門閉鎖音（[ʔ]）が挿入される[28]。

a. 前置詞が接辞した動詞　例：/fɛr - ɪrən/　fɛr.-ʔɪ.rən, *fɛ.r-ɪ.rən“迷う”

形態素の右端　fɛr.**]**-ʔɪ.rən

音節の右端　fɛr.**)**-ʔɪ.rən

[28] Wiese（1996: 58-59）によれば，ドイツ語では語中の母音連続の間や，語頭にも声門閉鎖音の挿入が起きるという。また Wiese（1996: 171）では母音の直後（おそらく音節末のこと）の /r/ は [ɐ] で実現すると述べているが，本書では平明さを重視し，音声形も [r] で表記した。

形態素の右端　　*fɛ.r]-ɪ.rən

音節の右端　　*fɛ.r-ɪ.)rən

b. 複合語　例：/tsɔl-amt/　tsɔl.-ʔamt, *tsɔ.l-amt　“税関”

形態素の右端　　tsɔl.]-ʔamt

音節の右端　　tsɔl.)-ʔamt

形態素の右端　　*tsɔ.l]-amt

音節の右端　　*tsɔ.)l-amt

［McCarthy and Prince 1993: 54（104）より抜粋，筆者が一部加筆］

形態素の右端と音節の右端をそろえようとするのは，音節境界という音声学的な実現をもつ要素に形態素境界をあわせることで，形態素境界がどこにあるのかを明瞭にさせる狙いがあると考えられる。現代ウイグル語の場合は，特に借用語においてそのような要請が起きた結果，r 挿入が起きるのだと考えられる[29]。

4.3.4. /r/ が挿入要素として選ばれる理由

ここでは，/r/ が挿入要素として選ばれる理由について考察する。単に形態素境界と音節境界の「ずれ」を回避するためだけであれば，/k/ や /p/ といった他の子音を入れることも可能である。それにもかかわらず /r/ が選ばれたことには何らかの音韻論的な要因があると考えられる。

本書では，/r/ はそれに指定されるべき素性のいくつかが未指定になっている単純な構造をもつため，挿入要素として選ばれたのだと考える。Paradis and Prunet（1991）では，様々な言語で舌頂音が削除されやすいことや挿入要素として選ばれやすいことなどを指摘し，舌頂音の［舌頂音性］が未指定に

[29] 借用語に「ALIGN（語幹，右端：音節，右端）」が働くのであれば，短母音終わりの借用語でも，r 挿入が起きることが予測されるが，実際は起きない（例：/la'za-Im/ [laːza-m] *[laːzi-rim]“唐辛子”$_{中}$ > *lazi*）。つまり，現代ウイグル語の借用語では，語幹末子音が接尾辞側の母音と音節を形成することは許されないが，語幹末母音が接尾辞側の子音と音節を形成することは許されることになる（*[C-VC]$_σ$, ^{ok}[CV-C]$_σ$）。この非対称性をどのように捉えるべきかはまだよくわかっておらず，今後の課題としたい。

なっていると考えられることを述べた[30]。素性が未指定になっているということは，基底の段階から指定されている素性がない，あるいは相対的に少ないことになるので，それだけ構造が単純ということになる。複雑な構造をもつ分節音よりも，単純な構造をもつ分節音の方が削除されやすい特性をもつと考えるのは特異なことではないだろう。また，何らかの分節音をある音連続に挿入することが求められた場合，あえて複雑な構造をもった分節音を挿入する必要はなく，むしろ単純な構造をもつ分節音を挿入したほうが簡潔である。そのため，単純な構造をもつ分節音が挿入要素として選ばれやすくなる。つまり，素性が未指定になっている分節音は，単純な構造をもつため，削除されやすく，また，挿入要素にも選ばれやすいことが予測される。

このことを踏まえて，現代ウイグル語における /r/ をみてみると，現代ウイグル語の /r/ は削除されやすい。現代ウイグル語では，下の（207）に示すように，語中，語末の /r/ が任意に削除され，直前の母音の代償延長が起きる。Hahn（1991: 56）によれば，（208）に示すように，/l/ と /j/ でもこういった削除と代償延長が起きるが，/r/ ほど顕著ではなく，語中に限られ，語末では起きないという。

（207）	/pæ'r/	pær ~ pæ:	“羽毛”
	/ja'r/	jar ~ ja:	“好きな人”“崖”
	/bar/	bar ~ ba:	“ある，いる”
	/ʤigær/	ʤigær ~ ʤigæ:	“肝臓”
		ʤigær-gæ ~ ʤigæ:-gæ 肝臓-DAT	“肝臓に”

（208）	/l/ の同化：kæl-gæn ~ kæ:-gæn 来る-PERF	“来た，来たことがある”
	/j/ の同化：ɦojla ~ ɦo:la	“中庭”

［Hahn 1991: 56,（20）03, 04］

[30] 舌頂音が挿入要素として選ばれやすいことは Lombardi（2002）でも述べられている。

これは，/r/ がもつ素性が未指定になっており，削除されやすくなっていることに起因すると考えられる。また，/r/ がもつ素性が未指定であることを示すさらなる事実として，「/r/ は弁別に寄与する素性が少ない」ということが挙げられる。下に示す（209）の現代ウイグル語における子音の音素体系をみると，ふるえ音（と側面音）以外の子音は調音点や有声性の有無に関して対立項が存在する一方で，ふるえ音（と側面音）はそういった対立項をもたない。つまり，他の子音，例えば，閉鎖音の場合，［－有声性］ということが指定されているだけではそれが，/p/ なのか，/q/ なのかといったことがわからないため，調音点や有声性の有無に関する素性指定が必要になる。しかし，ふるえ音については，それがふるえ音であるということが指定されていれば，それが /r/ であることが即座に予測がつくため，歯茎音であることや有声音であることは基底の段階では未指定にしておいてもよくなる。なお，対立項が存在しないという点では，側面音 /l/ も同じであるので，/r/ と同じ理屈で挿入要素に選ばれる可能性をもつことになる。しかし，/l/ は［＋側面音性］をもっている点で，/r/ と同等に素性が未指定になっている分節音だとはいいがたい。

（209）現代ウイグル語の子音音素

		唇		歯茎		硬口蓋		軟口蓋		口蓋垂		声門	
阻害音	破裂音	/p/	/b/	/t/	/d/			/k/	/g/	/q/		/ʔ/	
	破擦音					/ʧ/	/ʤ/						
	摩擦音	/f/		/s/	/z/	/ʃ/	/ʒ/			/χ/	/ʁ/		/ɦ/
共鳴音	鼻音		/m/		/n/				/ŋ/				
	ふるえ音				/r/								
	側面音				/l/								
	接近音		/w/				/j/						

削除規則の対象になっている，弁別に寄与する素性が少ないという /r/ がもつ特徴は，素性が未指定になっている単純な構造を /r/ がもつことを示しているといえるだろう。単純な構造をもつ要素は，挿入要素として選ばれやすい。そのため，現代ウイグル語においては /r/ が挿入要素として選ばれた

のだと考えられる。

以下の 4.3.5. 節では有標母音で終わる語幹について議論する。

4.3.5. 有標母音で終わる語幹について

4.3.2.1. 節で述べたように，r 挿入は子音で終わる語幹だけではなく，有標母音で終わる語幹でも起きる[31,32]。

(210)

/語幹/	語幹-1.SG.POSS		
/dø'/	dø:-**r**ym	*dø:-m, *dø-m	“大蜘蛛”
/ja'/	ja:-**r**im	*ja:-m, *ja-m	“弓”
/polo'/	polo:-**r**um	*polo:-m, *polo-m	“ピラフ” ペ < *pilāw, pulāw*[33]
/soda'/	soda:-**r**im	*soda:-m, *soda-m	“ソーダ” ロ < *soda*
/rosijæ'/	rosijæ:-**r**im	*rosijæ:-m, *rosijæ-m	“ロシア” ロ < *rossija*
/dænʃi'/	dænʃi:-**r**im	*dænʃi:-m, *dænʃi-m	“テレビ” 中 < *dianshi*
/χuda'/	χuda:-**r**im	*χuda:-m, *χuda-m	“神” ペ < *khodā*
/jaŋju'/	jaŋju:-**r**um	*jaŋju:-m, *jaŋju-m	“ジャガイモ” 中 < *yangyu*

これらの語幹の末尾の母音が有標母音であると考えられる理由は以下のとおりである。

(211) i. 長めに発音される。

ii. (/a, æ/ に関して) 母音弱化とウムラウトが起こらない。

例：rosijæ:-**r**im, *rosiji-**r**im, ja:-**r**im, *je-**r**im

---

[31] Hahn (1992) では /r/ だけでなく /j/ が挿入した形式も認められるとしているが，筆者のコンサルタントは /r/ を挿入して発話し，/j/ を挿入した形式は非文法的だとした。ただ，いくつかの単語については，特に A. B. 氏の発話において /j/ が挿入された形式も確認された /baha'/ “値段” [baha:jim ~ baha:rim]。

[32] これらの語幹に 3 人称所有接尾辞が接辞する場合，母音で終わる語幹なので，/-si/ が接辞するが，上の (202) と同様に /-ri/ という形式も接辞する (例：[jaŋju:-**si**] ~ [jaŋju:-**ri**])。

[33] /polo'/ “ピラフ” は参照したウイグル語辞典には特に記述がなかったが，ペルシア語由来とした。これは，Nişanyan (2002) にトルコ語でピラフを意味する /pilav/ がペルシア語由来とされていたためである。

有標母音で終わる語幹はほとんどが借用語であるが，いくつか固有語と考えられる語幹もあり，それらは全て単音節語幹（[dø:] “大蜘蛛”，[ja:] “弓”）であった。一方で，借用語で，有標母音で終わっていて単音節である語幹はまだみつかっていない[34]。また，子音で終わる語幹では [biŋʃiŋ-im] のように，/r/ が挿入されていない形式が認められるものもあったが，有標母音で終わる語幹では /r/ が挿入されていない形式は認められない（例：*[polo:m]）。

有標母音終わりの語幹で r 挿入が起きることはすでに Hahn（1992）や Vaux（2001）で指摘されている。これらの先行研究では本書の有標母音を長母音としている。Vaux（2001）は，長母音（有標母音）終わりの語幹で r 挿入が起きるのは，CVVC という，超重音節が音声形に現れることを回避するためだという。すなわち，そのまま所有接尾辞を接辞してしまうと，下の (212a) に示すように [po.<u>lo:m</u>] のような超重音節が含まれる音声形が形成されてしまう。これを避けるために（212b）に示すように /r/ を挿入していると考えている[35]。

（212）a.		/polo’-Im/	b.	/polo’-Im/
	V → Ø/V-__	polo’-m	r 挿入	pol o’r-Im
	音声形	*po.lo:m	V → Ø/V-__	不適用
			音声形	po.lo:.rum

超重音節というのは，CVVC のような 3 モーラ以上を含む音節のことで，窪薗（1995）によれば，様々な言語でこれが音声形に現れることを避けよう

[34] いわゆるラテンアルファベット文字の読み方を借用語とするならば，単音節で r 挿入が起こる借用語が存在することになる。例えば *g* は [gi:] もしくは [ge:] と発音されるがこれに 1 人称単数の所有接尾辞が接辞するとそれぞれ [gi:rim], [ge:rim] になる。

[35] Hahn（1992）は「借用語がもつ音節構造が，音素レベルにおいて，固有語に存在する音節構造になるため」に r 挿入が起こると主張する。Hahn（1992）は現代ウイグル語の固有語の語幹の基底形には，/CVV/ という，長母音を含む開音節が存在せず，/CVVC/ という，長母音を含む閉音節のみがあると述べる（ok/CVVC/, */CVV/）。続けて，/CVV/ は借用語では許されているが，接辞が接辞する際には，その音節は固有語と同じような /CVVC/ にならなければならず，その結果 /r/ が挿入されると述べる。しかし，なぜ，接辞が挿入される際に固有語と同じ音節構造にならなければならないのかが明らかではない点や，/døø/ や /jaa/（ここでは Hahn 1992 に従った表記で示している）のように，固有語と考えられる単語にも /CVV/ は認められる点などから，Hahn（1992）の主張には問題点が多い。

とする現象が観察されている。様々な言語で超重音節の回避がみられることから，この r 挿入をそのひとつとしてみるのは特異なことではないだろう。ただ，この /r/ は 1 人称複数と 2 人称単数（尊敬）の所有接尾辞（/-imiz, -iŋiz/）においても挿入される（[polo:rimiz, polo:riŋiz]）。/-imiz/ と /-iŋiz/ においては，/r/ を挿入せずとも，[po.lo:.miz, po.lo:.ŋiz] のように，もともと超重音節は現れない。つまり超重音節回避という目的なしに /r/ が挿入されていることになる。現段階では，なぜ /-imiz/ と /-iŋiz/ においても r 挿入が起きるのかは説明できない。Vaux（2001）の超重音節回避という考えを維持するなら，/-Im, -Iŋ/ などにおいて，超重音節回避のために /r/ が挿入されているため，そこから類推に基づいて /-imiz/ と /-iŋiz/ でも /r/ が挿入されていると考えることになるだろう。有標母音がそもそも長母音なのかどうかという問題も含め，これについては今後の課題としておく。

さて，（195）の r/C 規則では，有標母音で終わる語幹における r 挿入は捉えられない。そのため，（213）の規則を提案する。

（213） r 挿入規則 ∅ → r/V’-__V
有標母音で終わる語幹に，母音で始まる接尾辞が後続する際，その間に r を挿入せよ。

r
⇓
...V’ - V... → ...V’rV...

子音で終わる語幹については，r/C 規則の適用・不適用に基づいて語彙が分かれていることを述べたが，有標母音で終わる語幹については，r 挿入規則 ∅ → r/V’-__V の適用・不適用に基づいて語彙が分かれていると考える必要はないと考えられる。なぜなら，*[polo:m] のように，上の（213）の規則の例外となる語彙が存在しないためである。上の（195）の規則については，（188）や（193）の語彙（/jiriŋ/ など）のように，子音終わりであったとしても，それが適用されない語彙が存在したので，（195）の規則が適用されない語彙と適用される語彙をレキシコンで区別しておく必要があった（(214)）。

しかし，(213) の規則については，有標母音終わりであれば，例外なく全てに適用されるので，何らかの区別をレキシコンでしておく必要はない((215))。

(214) r/C 規則

適用される語彙：ejti:em, binʃaŋ
適用されない語彙：jiriŋ, pul
} レキシコンで区別が必要。

(215) r 挿入規則 Ø → r/V'-__V

適用される語彙：polo:, soda:
適用されない語彙：ない。
} レキシコンでの区別は必要ない。

次節では，現代ウイグル語におけるレキシコンの構造を明らかにする。

4.4. 現代ウイグル語のレキシコンの構造

前節までで2つの音韻論的規則（[－円唇性] の削除規則と，r/C 規則）それぞれに関して，適用される語彙と適用されない語彙が存在することが明らかになった((216) から (219) に再掲する)。

(216) [－円唇性] の削除規則が適用される語彙（(171) より一部抜粋）

/語幹/	i. 語幹-1.SG.POSS	ii. 語幹-3.POSS	
/qula**ʁ**/	qu.l**u**.ʁ-um ~ qu.li.ʁ-im	qu.l**u**.ʁ-i ~ qu.li.ʁ-i	“耳”
/buw**aq**/	bu.w**u**.q-um ~ bu.wi.q-im	bu.w**u**.q-i ~ bu.wi.q-i	“赤ん坊”
/jyr**æg**/	jy.r**y**.g-ym ~ jy.ri.g-im	jy.r**y**.g-i ~ jy.ri.g-i	“心臓”
/yst**æl**/	ys.t**y**.l-ym ~ ys.ti.l-im	ys.t**y**.l-i ~ ys.ti.l-i	“机” ロ < *stol*

(217) [－円唇性] の削除規則が適用されない語彙（(173) より一部抜粋）

/語幹/	i. 語幹-1.SG.POSS		ii. 語幹-3.POSS		
/rom**an**/	rom**i**n-im	??rom**u**n-um	rom**i**n-i	*rom**u**n-i	“小説” ロ < *roman*
/mudd**æt**/	mudd**i**t-im	*mudd**u**t-um	mudd**i**ti	*mudd**u**t-i	“期間” ア < *muddat*

/χupt**æ**n/	χupt**i**n-im	*χupt**u**n-um	χupt**i**n-i	*χupt**u**n-i	“礼拝時間の１つ” ペ
/ʒurn**a**l/	ʒurn**i**l-im	*ʒurn**u**l-um	ʒurn**i**l-i	*ʒurn**u**l-i	“雑誌” ロ < *žurnal*

（218） r/C 規則が適用される語彙（(192)-i より一部抜粋，なお，これらの語彙では -si/C 規則も適用される。例：ej.tiː.em.-**si**）

/語幹/	語幹-1.SG.POSS		
/ejti'em/	ej.tiː.em.-**r**im	??ej.tiː.e.m-im	“ATM” 英
/pi'di'ef/	piː.diː.ef.-**r**im	?piː.diː.e.f-im	“PDF” 英
/biŋʃaŋ/	biŋ.ʃaŋ.-**r**im	～ biŋ.ʃi.ŋ-im	“冷蔵庫” 中 < *bingxiang*

（219） r/C 規則が適用されない語彙（=(193)，なおこれらの語彙では -si/C 規則も適用されない。例：*[jiriŋ-**si**]）

/語幹/	語幹-1.SG.POSS		
/jiriŋ/	jiriŋ-im	*jiriŋ-**r**im	“膿”
/momaj/	momij-im	*momaj-**r**im	“お婆さん”
/is/	is-im	*is-**r**im	“煙”
/aŋ/	eŋ-im	*aŋ-**r**im	“意識”

本節では，これらの語彙の集合関係を明らかにし，現代ウイグル語にいくつの語彙グループが存在するのかを示す（すなわちレキシコンの構造を明らかにする）。そのために，複数の規則が適用される環境が整っている語彙に着目し，それらの語彙で，実際に規則が適用されているかどうかをみることにする。4.4.1. 節では，母音弱化規則と［－円唇性］の削除規則が適用される環境が整っている語彙に着目する。4.4.2. 節では，r/C 規則と -si/C 規則と -i/C 規則が適用される環境が整っている語彙に着目する。4.4.3. 節では，母音弱化規則と -i/C 規則が適用される環境が整っている語彙に着目する。また，各節で個別にレキシコンの構造を仮定していく。4.4.4. 節では，各節で仮定されたレキシコンの構造を統合し，現代ウイグル語に語彙グループがいくつ存在するのかを明らかにする。4.4.4. 節ではまた，提案したレキシコンがどのように獲得されるのか，産出がどのようになされるのかについて述べる。最後に 4.4.5. 節では，規則が適用されているかどうか検証不可能な部分

があったため，それについて述べる。

4.4.1. 母音弱化規則と，［－円唇性］の削除規則

下の（220）の語彙と（221）の語彙をみると，どちらも母音弱化規則は適用されているが，［－円唇性］の削除規則は（220）の語彙にのみ適用されている（その結果円唇母音がもつ［＋円唇性］の拡張を受ける）。

（220）両方の規則が適用される語彙（＝(216）の語彙）

	母音弱化規則 適用される	［－円唇性］の削除規則 適用される
	語幹-1.SG.POSS	語幹-1.SG.POSS
/qulaʁ/ “耳”	qu.l**i**.ʁ-im	qu.l**u**.ʁ-um
/buwaq/ “赤ん坊”	bu.w**i**.q-im	bu.w**u**.q-um
/joldaʃ/ “同志”	jol.d**i**.ʃ-im	jol.d**u**.ʃ-um
/jyræg/ “心臓”	jy.r**i**.g-im	jy.r**y**.g-ym
/ystæl/ “机” ロ < *stol*	ys.t**i**.l-im	ys.t**y**.l-ym
/ɦørmæt/ “尊敬” ア < *ḥurmat*	ɦør.m**i**.t-im	ɦør.m**y**.t-ym

（221）母音弱化規則のみが適用される語彙（＝(217）の語彙）

	母音弱化規則 適用される	［－円唇性］の削除規則 適用されない
	語幹-1.SG.POSS	語幹-1.SG.POSS
/roman/ “小説” ロ < *roman*	ro.m**i**.n-im	??ro.m**u**.n-um
/muddæt/ “期間” ア < *muddat*	mud.d**i**.t-im	*mud.d**u**t.-um
/χuptæn/ “礼拝時間の１つ” ペ	χup.t**i**.n-im	*χup.t**u**.n-um
/χumdan/ “窯” ペ	χum.d**i**.n-im	*χum.d**u**.n-um
/ʒurnal/ “雑誌” ロ < *žurnal*	ʒur.n**i**.l-im	*ʒur.n**u**.l-um

（220）と（221）をみると，下の（222）のような，母音弱化規則の適用される語彙の集合が［－円唇性］の削除規則の適用される語彙の集合を包含するようなレキシコンの構造が考えられる。

（222）（220）と（221）から仮定できるレキシコンの構造

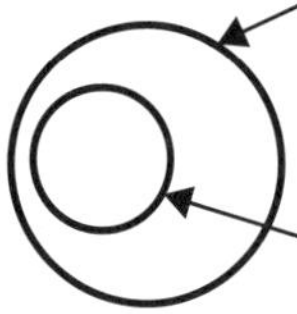

4.4.2. r/C 規則と 2 つの 3 人称所有接尾辞規則

下の（223）の語彙と（224）の語彙をみると，（223）に示した語彙では r/C 規則も -si/C 規則も適用されない一方で，（224）の語彙では r/C 規則と -si/C 規則が適用される。

（223）両方の規則が適用されない語彙（＝(219)の語彙）

	r/C 規則 適用されない	-si/C 規則 適用されない
	語幹-1.SG.POSS	語幹-3.POSS
/jiriŋ/“膿”	jiriŋ-im	*jiriŋ-si
/momaj/“お婆さん”	momij-im	*momaj-si
/is/“煙”	is-im	*is-si
/aŋ/“意識”	eŋ-im	*aŋ-si

（224）両方の規則が適用される語彙（＝(218)の語彙）

	r/C 規則 適用される	-si/C 規則 適用される
	語幹-1.SG.POSS	語幹-3.POSS
/ejti’em/“ATM”英	ejti:em-rim	ejti:em-si
/pi’di’ef/“PDF”英	pi:di:ef-rim	pi:di:ef-si
/biŋʃaŋ/“冷蔵庫”中 < *bingxiang*	biŋʃaŋ-rim	biŋʃaŋ-si
/χa’siŋ/“ピーナッツ”中 < *huasheng*	χa:siŋ-rim	χa:siŋ-si

（223）の語彙では両方の規則が適用されないものの，[jiriŋ-**i**], [momij-**i**], [is-**i**], [eŋ-**i**] のように，3 人称所有接尾辞として /-i/ が出現するため，-i/C 規則が適用されているといえる。

また，調査した限りでは，下の（225）に示すように，r/C 規則が適用されている一方で -si/C 規則が適用されない語彙，及び r/C 規則が適用されない一方で -si/C 規則が適用される語彙というのは存在しなかった（/biŋʃaŋ/ のような全ての形式 [biŋʃaŋrim, biŋʃiŋim, biŋʃaŋsi, biŋʃiŋi] が認められる語彙は除く）。

（225）

	r/C 規則 適用	r/C 規則 不適用
-si/C 規則　適用	存在する （例：[ejti:em] など（224）の語彙）	存在しない
-si/C 規則　不適用	存在しない	存在する（例：[jiriŋ] など（223）の語彙）

このことから，下の（226）のように，（223）の語彙の集合と（224）の語彙の集合が並列関係を成しているレキシコンの構造が考えられる。以下では便宜的に，「-i/C 規則の適用される語彙の集合」を「（223）の語彙の集合」，「-si/C 規則，及び r/C 規則の適用される語彙の集合」を「（224）の語彙の集合」，と呼ぶ。

（226）（223）と（224）から仮定できるレキシコンの構造

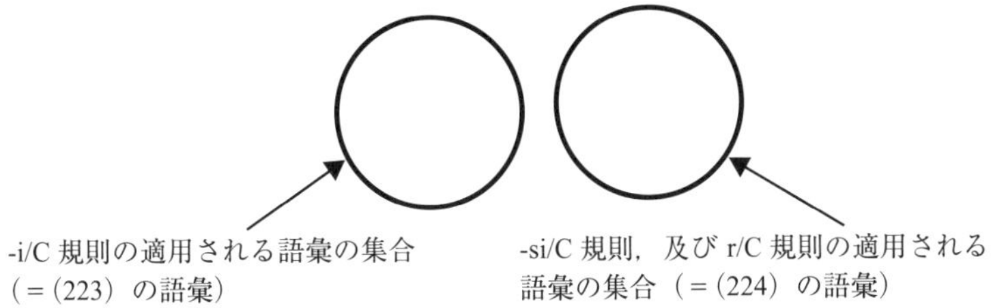

なお，/biŋʃaŋ/ のような全ての形式 [biŋʃaŋ-rim, biŋʃiŋ-im, biŋʃaŋ-si, biŋʃiŋ-i]

が認められる語彙が存在するが，ここでは，このような語彙は，下の（227）に示すように，（223）と（224）の両方の語彙の集合に属していると考える。どちらにも属するため，（223）の語彙のような振舞いをみせたり，（224）の語彙のような振舞いをみせたりするのである。

（227）全ての形式が認められる語彙（例 /biŋʃaŋ/）のレキシコンにおける位置

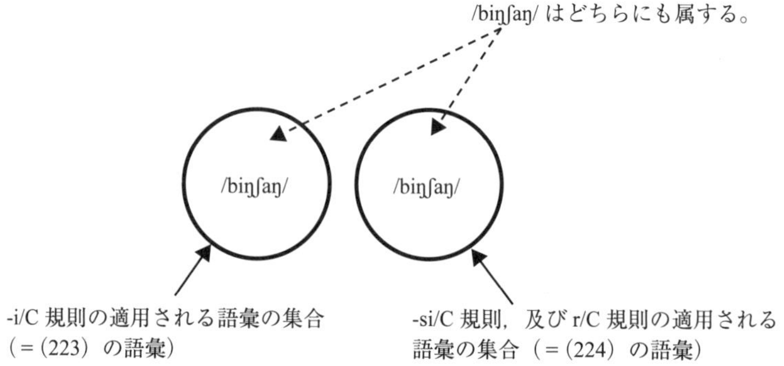

一見すると，例えば，（223）の語彙の集合と（224）の語彙の集合は下の（228）のような交差関係を成しており，/biŋʃaŋ/ はその交差している部分に位置していると考えてもよいようにみえる。交差しているため，-si/C 規則と -i/C 規則の両方が適用されると考えるわけである。しかし，この考えは妥当でない。なぜなら，交差している部分は r/C 規則が適用される語彙の集合の一部であるため，必ず r/C 規則が適用されることが予測されてしまい，[biŋʃiŋ-im] のような形式がなぜ現れるのかが説明できなくなってしまう。そのためここでは（226）のようなレキシコンの構造を仮定している[35]。

[35] r/C 規則が任意なものであると考えれば，[biŋʃiŋ-im] が現れることを説明できるかもしれない。しかし，任意であれば適用された形式と適用されなかった形式の両方が認められることが予測されるが，r/C 規則が適用される語彙の中には，適用されなかった形式が認められないものも存在する（[em-rim], ?[em-im]）。そのため，任意と考えることはできない。

(228) (223) の語彙の集合と (224) の語彙の集合が交差関係を成しているレキシコンの構造

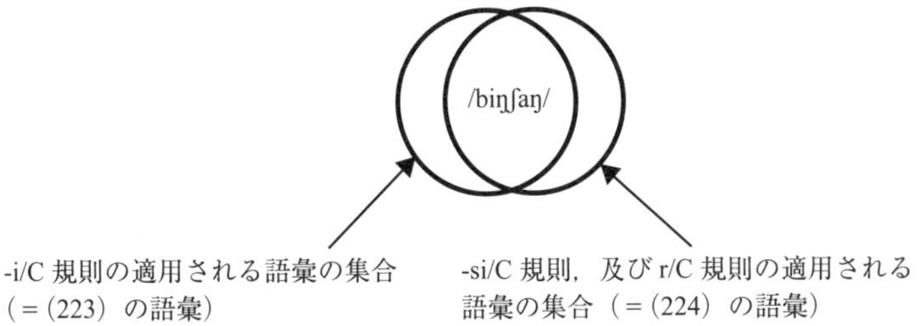

どちらにも属しているのは，/biŋʃaŋ/ のような語彙が固有語化の過渡期にあるためだとここでは考える。固有語化というのは借用語が固有語と同じ振舞いを示すように変化することを指す。(224) の語彙は全て借用語であり固有語は含まれない，一方で (223) の語彙の多くは固有語である。そのため，ここでいう固有語化というのは，ある語彙が (224) の語彙の集合から，(223) の語彙の集合に移行することを意味する。おそらく /biŋʃaŋ/ のような語彙は，元々は (224) の語彙の集合内にいたが，漸次的に (223) の語彙の集合への移行をしているのだと考えられる。

(229) 固有語化のプロセス

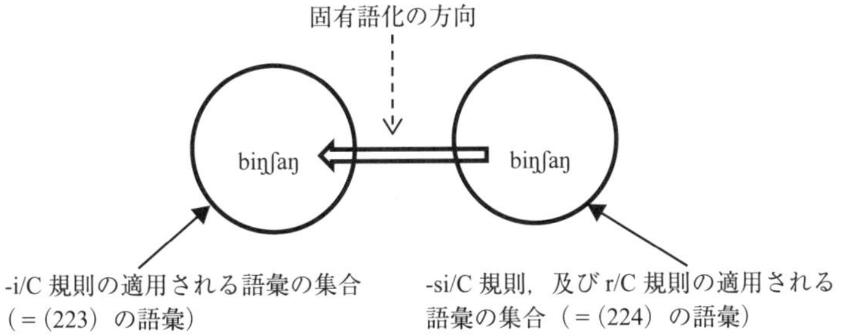

次節では，母音弱化規則と -i/C 規則の適用される環境が整っている語彙に着目する。

4.4.3. 母音弱化規則と -i/C 規則

下の（230）をみると母音弱化規則と -i/C 規則の両方が適用される語彙が存在することがわかる。また，観察した限りではどちらか一方のみが適用される語彙というのは存在しなかった[36]。このことから母音弱化規則が適用される語彙の集合と -i/C 規則が適用される語彙の集合は，（231）のように一致していると考えられる。

（230）母音弱化規則と -i/C 規則の両方が適用される語彙（=（216）の語彙，（217）の語彙，（219）の一部の語彙）

	母音弱化規則 適用される	-i/C 規則 適用される
	語幹-3.POSS	語幹-3.POSS
/qulaʁ/ "耳"	qu.l**i**.ʁ-i	qu.li.ʁ-**i**, *qu.laʁ.-**si**
/buwaq/ "赤ん坊"	bu.w**i**.q-i	bu.wi.q-**i**, *bu.waq.-**si**
/jyræg/ "心臓"	jy.r**i**.g-i	jy.ri.g-**i**, *jy.ræg.-**si**
/ystæl/ "机" ロ < *stol*	ys.t**i**.l-i	ys.ti.l-**i**, *ys.tæl.-**si**
/ɦørmæt/ "尊敬" ア < *ḥurmat*	ɦør.m**i**.t-i	ɦør.mi.t-**i**, *ɦør.mæt.-**si**
/roman/ "小説" ロ < *roman*	ro.m**i**.n-i	ro.mi.n-**i**, *ro.man.-**si**
/muddæt/ "期間" ア < *muddat*	mud.d**i**.t-i	mud.di.t-**i**, *mud.dæt.-**si**
/momaj/ "お婆さん"	mo.m**i**.j-im	mo.mi.j-**i**, *mo.maj.-**si**

[36] 仮に -i/C 規則が適用される一方で母音弱化規則が適用されない語彙が存在するとしたら，その語彙では [qu.l**a**.ʁ-i] や [ro.m**a**.n-i] のように，/-i/ が接辞できる一方で，語中の開音節内の /a, æ/ が弱化しないことが予測される。また，母音弱化規則が適用される一方で -i/C 規則が適用されない語彙が存在するとしたら，その語彙では /-i/ が接辞すると非文法的になることが予測される。なお，/em/ のように，/-i/ が接辞すると容認度が落ちる語彙というのは存在するが，これらの語彙が母音弱化規則の適用される語彙の集合内に含まれているかどうかは検証できない。詳しくは後述する。

（231）（230）から仮定できるレキシコンの構造

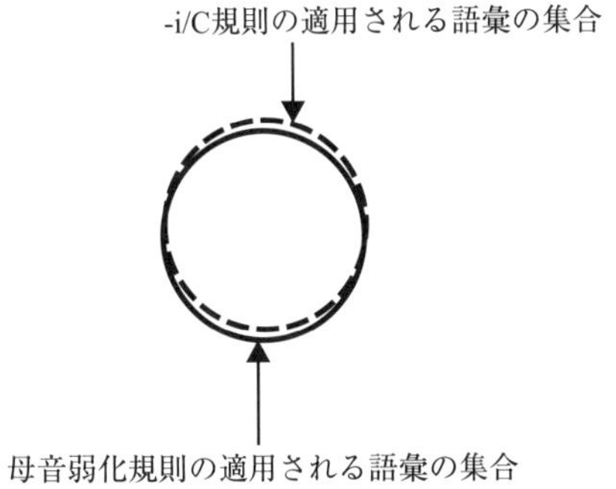

※　これ以降は 2 つの語彙の集合を区別するために，-i/C 規則の適用される語彙の集合を点線の円で示す。

次節では，現代ウイグル語のレキシコンの構造が全体でどのようになっているのかを明らかにする。

4.4.4.　レキシコンの構造の統合

4.4.4.1.　レキシコンの構造と語彙グループ

上の（222）と（227）と（231）で示したレキシコンの構造を統合すると，下の（232）のようなレキシコンの構造が考えられるだろう。

（232）現代ウイグル語のレキシコンの構造

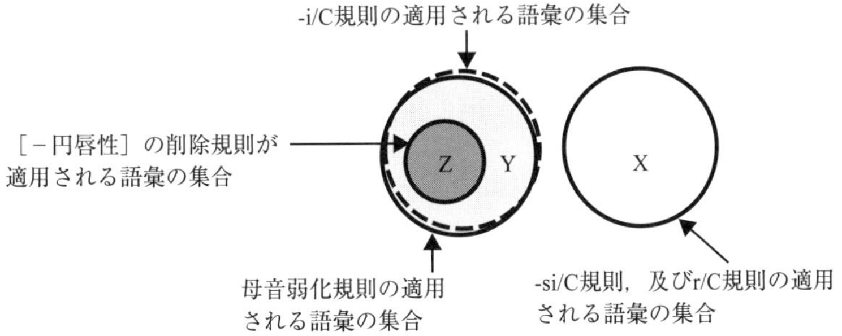

(233)（232）の語彙グループ（X, Y, Z）間にみられる規則の適用・不適用の差異[37]

	［－円唇性］の削除規則	母音弱化規則	-i/C 規則	r/C 規則	-si/C 規則
語彙グループ Z（(129) の語彙）濃い灰色の部分	適用	適用	適用	不適用	不適用
語彙グループ Y（(221) の語彙）薄い灰色の部分	不適用	適用	適用	不適用	不適用
語彙グループ X（(223) の語彙）白色の部分	検証不可能	検証不可能	不適用	適用	適用

※語彙グループ X に［－円唇性］の削除規則と母音弱化規則が適用されているかどうかについて，「検証不可能」としているが，この理由は 4.4.5. 節で述べる。また，ここでは不適用のセルに濃い灰色の網掛けを，「検証不可能」のセルに薄い灰色の網掛けを施した。

（232）と（233）をみると現代ウイグル語には X と Y と Z という 3 つの語彙グループがあることがわかる。

次節では，(232) のようなレキシコンの構造がどのように獲得されるのか，また産出において，どのように規則の適用・不適用が決定されるのかについて述べる。

4.4.4.2. 獲得と産出について

第 1 章の 1.1. 節では，言語獲得段階の幼児が音韻論的な差異に基づいて語彙をグループに分け，レキシコンに語彙を登録すること，また，産出においては，レキシコンで形成されている語彙グループの区別に基づいて，各語彙に規則が適用されるかどうかを決定することを述べた。おそらく，現代ウイ

[37] ここで各語彙グループと出自の対応関係について述べる。語彙グループ Z に属する語彙の多くは固有語であり，語彙グループ Y に属する語彙の多くはアラビア語，ペルシア語，ロシア語，中国語由来，語彙グループ X に属する語彙は主に中国語，英語などであった。Itô and Mester（1995a, 1995b, 1999）では，レキシコンは固有語を中心とし，その周りを借用された時期が古い借用語から順に取り囲んでいくような構造になっていた。現代ウイグル語のレキシコンの構造は，語彙グループ Z を中心とみれば，その周りを語彙グループ Y が取り囲んでいる点で Itô and Mester (1995a, 1995b, 1999）の「核と周辺」構造と共通点がみられるが，語彙グループ X に関してはその周りを取り囲むようにはなっていない。

グル語の獲得においては，（233）に示した 5 つの規則の適用・不適用に基づいて語彙を 3 つの語彙グループに分けていると考えられる。もちろん，5 つ全ての規則の適用・不適用を確認しながらグループに分けているわけではないと考えられる。(232）のようなレキシコンの構造が形成された段階では，(234）に示すように，どの単語がどの語彙グループに属しているかが，一部の規則の適用・不適用をみただけで予測可能だからである。

（234）a.［－円唇性］の削除規則が適用されている。→語彙グループ Z
b. 母音弱化規則は適用されているが，［－円唇性］の削除規則は適用されていない。→語彙グループ Y
c. r/C 規則または，-si/C 規則が適用されている。→語彙グループ X

一方で，産出においては，語彙が X から Z のどれに属するのかに基づいて規則の適用・不適用を決定する。決定のメカニズムは，例えば下の（235）に示す余剰規則によって適用・不適用に関する情報が単語に付与されると仮定することで捉えられる。

（235）a. 語彙グループ Z，Y に属する単語
→　-si/C 規則：不適用
b. 語彙グループ Y に属する単語
→　［－円唇性］の削除規則：不適用
c. 語彙グループ X に属する単語
→　-i/C 規則：不適用

（235）では，一部の規則に関する余剰規則しか挙げていないため，不十分にもみえるが，（235）に示す情報が付与されれば，その情報から他の規則の適用・不適用は予測可能であるため，問題はない。例えば，語彙グループ Z，Y には r/C 規則も適用されないが，このことは，「-si/C 規則：不適用」という情報から予測可能である。

次節では，（233）の表で語彙グループ X に［－円唇性］の削除規則と母音弱化規則が適用されているかどうかについて，検証不可能としている理由を述べる。

4.4.5. 語彙グループ X に［－円唇性］の削除規則と母音弱化規則が適用されているかどうかについて

語彙グループ X に属する語彙に母音弱化規則，及び［－円唇性］の削除規則が適用されているかどうかをみるためには，母音始まりの接尾辞を接辞させて語中の開音節を形成させなければならない（CVC-VC → CV.CVC）。また，語彙グループ X のような r 挿入規則が適用される語彙は名詞であるので，検証するためには名詞に接辞する母音始まりの接尾辞を接辞する必要がある。しかし，現代ウイグル語の名詞に接辞できる接尾辞は（所有接尾辞を除いて現在調査で明らかになっている範囲では）下の（236）に示すように，全て子音で始まる。そのためそれらを接辞しても語中の開音節が形成されないので母音弱化規則と［－円唇性］の削除規則が適用される環境が整わない。

（236）名詞に接辞する接尾辞

a. 格接尾辞：/-ni/ “ACC”, /-niŋ/ “GEN”, /-GA/ “DAT”,
/-dA/ “LOC”, /-din/ “ABL”
[biŋ.ʃaŋ.-ni], [biŋ.ʃaŋ.-da]...

b. 複数接尾辞：/-lAr/ “PL”
[biŋ.ʃaŋ.-lar]

c. その他：/-lIK/ “～付きの”, /-siz/ “～なしの”
[biŋ.ʃaŋ.-siz]...

唯一母音始まりの接尾辞として所有接尾辞（/-Im/, /-Iŋ/ など）が存在するが，これらも語彙グループ X では /r/ が挿入されてしまうので，母音弱化規則が適用される環境が整わない[38]。そのため，語彙グループ X に属する語彙に母音弱化規則，及び［－円唇性］の削除規則が適用されているのかどうかを検証することはできないのである。

---

[38] /biŋʃaŋ/ は [biŋ.ʃi.ŋ-im] のように弱化を起こすが，この /biŋʃaŋ/ は 4.4.2. 節でも議論したように，固有語化によって，r/C 規則が適用されない語彙の集合内に移行した後のものだと本書では考えている。

検証不可能であるため，下の（237）に示すように，語彙グループXが母音弱化規則の適用される語彙の集合内，及び［－円唇性］の削除規則の適用される語彙の集合内に含まれていると考えることもできる。ただ，語彙グループXを，積極的に，母音弱化規則と［－円唇性］の削除規則が適用される語彙の集合内に含める理由はみつかっていないため，本書では，（232）のレキシコンの構造を仮定しておく。

（237）語彙グループXが［－円唇性］の削除規則と母音弱化規則が適用される語彙の集合内に含まれていると考えた場合のレキシコンの構造

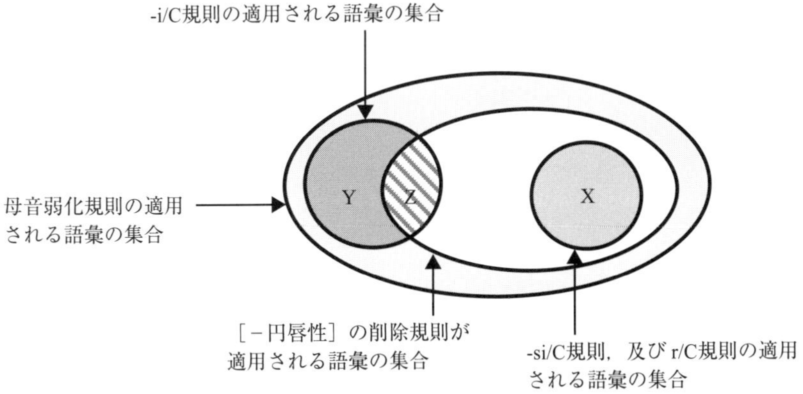

次章ではItô and Mester（1995a, 1995b, 1999）の提案がトルコ語と現代ウイグル語でも当てはまるかどうかを検証する。また，日本語，韓国語，トルコ語，現代ウイグル語それぞれのレキシコンの構造を対照し，言語間で共通する特徴を明らかにする。

第5章
Itô and Mester(1995a, 1995b, 1999)の理論の妥当性の検証とレキシコンの構造がもつ普遍的特徴に関する仮説

本書の目的は下の（238）に示す4つであった。本章では，これらのうち（238c）と（238d）について議論する。

(238) = (13)

a. トルコ語と現代ウイグル語それぞれにおいて，語彙グループの形成に関与的である音韻論的現象に着目し，その現象を記述する音韻規則を提案する。

b. 提案した諸規則の適用・不適用から，語彙の集合関係を明らかにし，トルコ語と現代ウイグル語それぞれで語彙グループがいくつ存在するのかを明らかにする（すなわちレキシコンの構造を明らかにする）。

c. トルコ語と現代ウイグル語について，Itô and Mester（1995a, 1995b, 1999）の理論の妥当性を検証する。

d. トルコ語と現代ウイグル語，及び先行研究で明らかになったレキシコンの構造を対照し，言語間で共通する特徴を明らかにする。さらに，その特徴から，レキシコンの普遍的な特徴を明らかにするための仮説を提案する。

まず，（238c）について，次いで（238d）について議論する。

5.1. 妥当性を検証する観点

ここでは，Itô and Mester（1995a, 1995b, 1999）の理論の妥当性を検証する。検証においては，第2章で述べた下の（239）に示す3点に着目する。

(239) = (41)

a. レキシコン内の全ての語彙の集合は包含関係にあり，同心円を形成しているのか？

b. 忠実性の原理によって語彙間で音韻論的差異が生じているのか？

c. 全ての規則が適用される語彙グループ（核）は必ず存在するのか？

5.1.1. トルコ語

まずトルコ語をみていくことにする。トルコ語のレキシコンの構造を（240）に再掲する。

(240) = (139)　トルコ語のレキシコンの構造

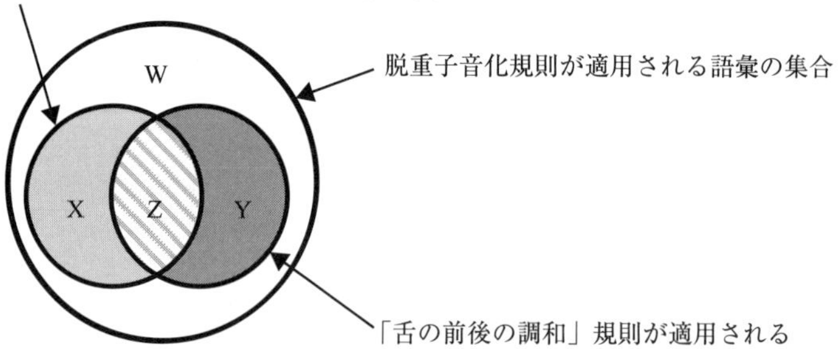

まず，（239a）の「レキシコン内の全ての語彙の集合は包含関係にあり，同心円を形成しているのか」を検討する。上の（240）をみると，トルコ語のレキシコンの構造では，包含関係を成していない部分がみられる。(240) の構造では，「舌の前後の調和」規則が適用される語彙の集合と，音節末子音の無声化規則が適用される語彙の集合が，交差関係を成している。このことから，Itô and Mester（1995a, 1999）の考えは妥当ではないといえる。

次に，（239b）の「忠実性の原理によって語彙間で音韻論的差異が生じているのか」検討する。まず，音節末子音の無声化規則については，下の（241）に示すように，忠実性の原理が強く働いた結果，音節末子音の［＋有声性］

が維持され音節末子音の無声化規則が適用されなくなったと考えることができる。つまり，忠実性の原理によって音韻論的差異が生じたといえる。

(241)

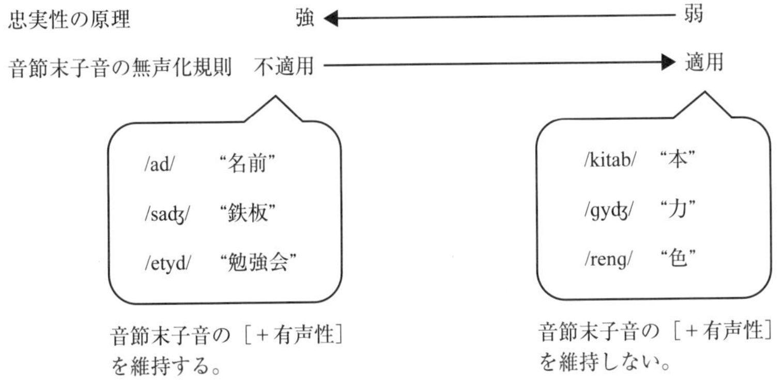

一方で，「舌の前後の調和」規則については，忠実性の原理によって音韻論的差異が生じたとは考えにくい。仮に忠実性の原理によって「舌の前後の調和」規則に関して音韻論的差異が生じたと考えると，下の（242a）に示す語彙では，基底形に存在する何らかの要素が維持されないため，「舌の前後の調和」規則が適用されることになる。一方で（242b）に示す語彙では，基底形に存在する何らかの要素が維持されるため，「舌の前後の調和」規則が適用されないことになる。

(242) a.「舌の前後の調和」規則が適用される語彙：基底形に存在する何らかの要素が維持されない。

/語幹/		語幹-GEN	
/ad/	“名前”	/ad-In/	ad-**ɯ**n, *ad-**i**n

b.「舌の前後の調和」規則が適用されない語彙：基底形に存在する何らかの要素が維持される。

/語幹/		語幹-GEN	
/hadʒm/	“量”	/hadʒm-In/	hadʒm-**i**n, *hadʒm-**ɯ**n

しかし，（242a）で維持されず，（242b）で維持されている要素は存在しないと考えられる。なぜなら，どちらの音声形も基底形における語幹内の音配列を維持しているためである。また接尾辞側に関しても，基底形に存在する子音，及び交替母音 /I/ がもつ［高舌性］は（242a）であろうと（242b）であろうと維持されている。そのため，（242a）で維持されず，（242b）で維持されている要素は存在しないと考えられる[1]。これを考慮すると，忠実性の原理によって「舌の前後の調和」規則に関して音韻論的差異が生じたとは考えにくい。

まとめると，（239b）に関して，トルコ語では Itô and Mester（1999）の考えが妥当な部分（音節末子音の無声化規則）と妥当ではない部分（「舌の前後の調和」規則）の両方があることになる。

最後に（239c）の「全ての規則が適用される語彙グループ（核）は必ず存在するのか」を検討する。トルコ語では並列関係はなく，語彙グループ Z に全ての規則が適用されているので，これが「核」に相当する。この点においては，Itô and Mester（1995a, 1995b, 1999）の考えと一致する。このことから，核が必ず存在するという Itô and Mester（1995a, 1995b, 1999）の考えは妥当だといえる。

5.1.2. 現代ウイグル語

次に現代ウイグル語をみていくことにする。現代ウイグル語のレキシコンの構造を（243）に再掲する。

[1] /I/ が [i] や [ɯ] という /I/ とは異なる母音になっているため，「基底形の要素が維持されていない」と考えることもできるかもしれない。この考えに立ったとしても，基底構造が維持されていない点では（242a）も（242b）も等価である。

(243) = (232)　現代ウイグル語のレキシコンの構造

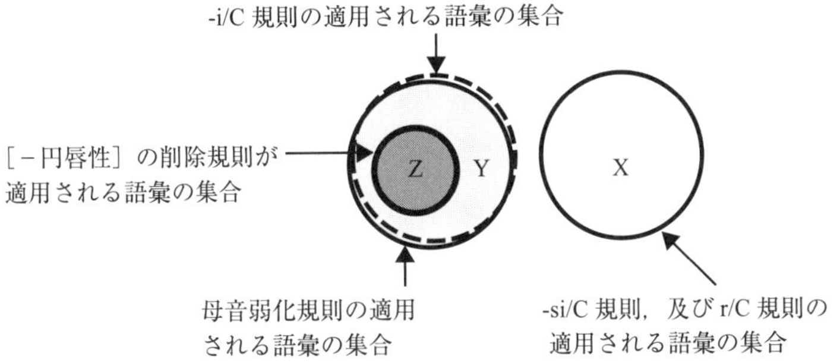

まず，(239a) の「レキシコン内の全ての語彙の集合は包含関係にあり，同心円を形成しているのか」を検証する。現代ウイグル語のレキシコンの構造も，トルコ語と同様に，包含関係を成していない部分がみられる。-si/C 規則，及び r/C 規則の適用される語彙の集合は，それ以外の規則の適用される語彙の集合と包含関係を成していない。このことから，Itô and Mester (1995a, 1999) の考えは妥当ではないといえる。

次に，(239b) の「忠実性の原理によって語彙間で音韻論的差異が生じているのか」について検討する。［－円唇性］の削除規則については，忠実性の原理が強く働いた結果，適用されなくなったと考えられる。下の (244) に示すように，［－円唇性］の削除規則が適用されない語彙の非円唇低舌母音 (/a, æ/) は，母音弱化規則により低舌母音ではなくなるものの，忠実性の原理が強く働いた結果，/a, æ/ の［－円唇性］が維持され，［－円唇性］の削除規則が適用されなくなったと考えることができる。このことから，忠実性の原理によって音韻論的差異が生じたといえる。

(244)

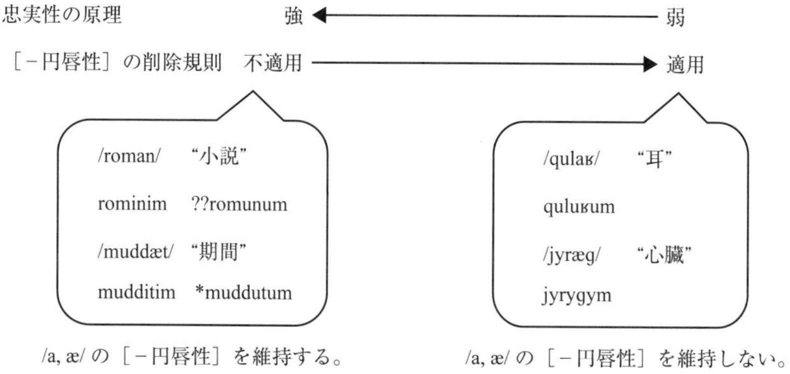

一方で，r/C 規則について，本書ではこの規則は，「形態素境界と音節境界をそろえるため」に適用されると考えている。これは「基底形の構造を維持する」こととは関わりがない。つまり，Itô and Mester（1999）のように，音韻論的差異は忠実性の原理の強弱によって生じるという考え方では，r/C 規則に関してみられる音韻論的差異はうまく捉えられないことになる。また，r/C 規則が適用される語彙では，-si/C 規則が適用されることを述べたが，これも，「形態素境界と音節境界をそろえるため」に適用されると考えられるので，r/C 規則と同様，忠実性の原理とは関係がないということになる。

まとめると，（239b）に関して，現代ウイグル語では Itô and Mester（1999）の考えが妥当な部分（［－円唇性］の削除規則）と妥当ではない部分（r/C 規則と -si/C 規則）の両方があることになる。

最後に（239c）の「全ての規則が適用される語彙グループ（核）は必ず存在するのか」を検証する。現代ウイグル語では，全ての規則が適用される語彙グループは存在しない。これは「-si/C 規則，及び r/C 規則の適用される語彙の集合」がそれ以外の規則の適用される語彙の集合と並列関係を成しているためである。つまり，「核」は現代ウイグル語では存在しないことになる。このことから，核が必ず存在するという Itô and Mester（1995a, 1995b, 1999）の考えは妥当ではないといえる。

5.1.3. 総合考察

5.1.1. と 5.1.2. で述べたことをまとめると，下の（245）のようになる。

（245）

	トルコ語	現代ウイグル語
（239a）レキシコン内の全ての語彙の集合は包含関係にあり，同心円を形成しているのか。Itô and Mester（1995a, 1999）	No 包含関係を成していない部分があるため	No 包含関係を成していない部分があるため
（239b）忠実性の原理によって語彙間で音韻論的差異が生じているのか。Itô and Mester（1999）	Yes 音節末子音の無声化規則にみられる音韻論的差異は忠実性の原理の強弱によるものであるため No「舌の前後の調和」規則にみられる音韻論的差異は忠実性の原理の強弱によるものではないため	Yes［－円唇性］の削除規則にみられる音韻論的差異は忠実性の原理の強弱によるものであるため No r/C 規則と，-si/C 規則にみられる音韻論的差異は忠実性の原理の強弱によるものではないため
（239c）全ての規則が適用される語彙グループ（核）は必ず存在するのか。Itô and Mester（1995a, 1995b, 1999）	Yes 核が存在するため	No 核が存在しないため

※ セル内の Yes は，左端に示した観点からみて，Itô and Mester（1995a, 1995b, 1999）の考えが妥当であることを，No は妥当ではないことを示す。また，No のみがあるセルには濃い灰色で，Yes と No の両方があるセルには薄い灰色で網掛けを施した。

（245）をみると，両言語において，Itô and Mester（1995a, 1995b, 1999）の考えが妥当ではないことを示す部分が多くみられる。総合的に判断すると，Itô and Mester（1995a, 1995b, 1999）の理論は，少なくともトルコ語と現代ウイグル語にみられる語彙間の音韻論的差異をとらえるためには，妥当ではないといえるだろう。

次節では（238d）について議論する。

5.2. レキシコンの構造について4言語間で共通する特徴

本節ではトルコ語，現代ウイグル語，日本語，韓国語のレキシコンの構造を対照し，言語間で共通する特徴を明らかにする。それを通して，普遍的特徴を明らかにするための仮説を提案する。

第3章と第4章ではそれぞれ，トルコ語と現代ウイグル語のレキシコンの構造を明らかにした。それらと，第2章で取り上げた，日本語と韓国語のレキシコンの構造を下の（246）から（249）に再掲する。

（246）トルコ語のレキシコンの構造（＝(139)）

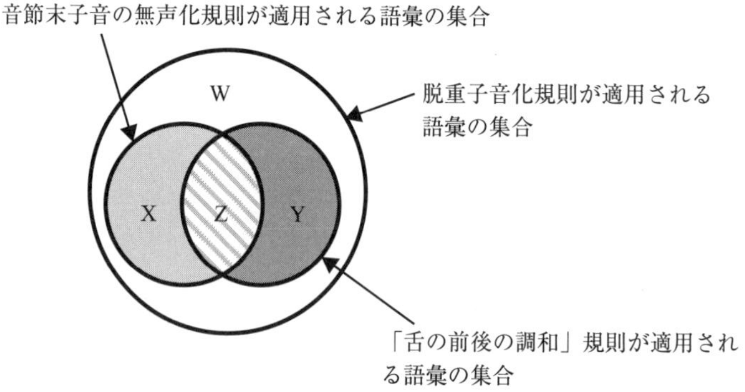

（247）現代ウイグル語のレキシコンの構造（＝(232)）

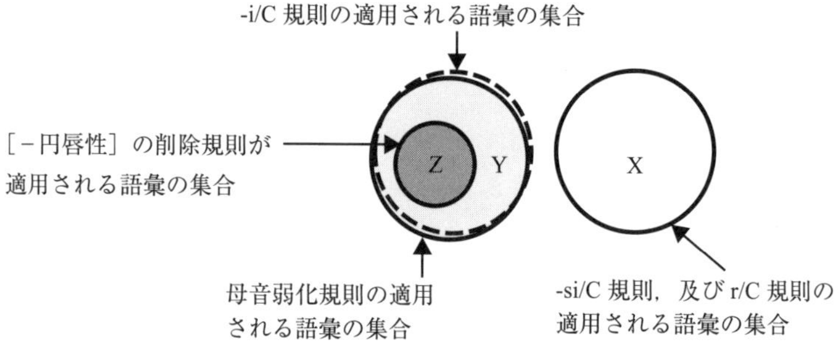

(248) Itô and Mester (1995a, 1999) による日本語のレキシコンの構造（＝(23)）

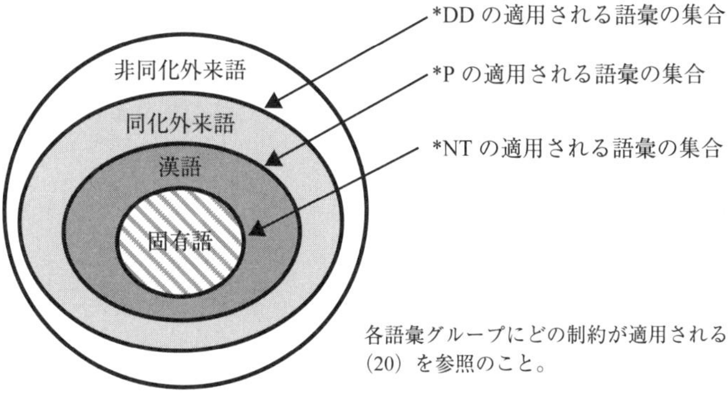

(249) Lee (2006) による韓国語のレキシコンの構造（＝(29)）

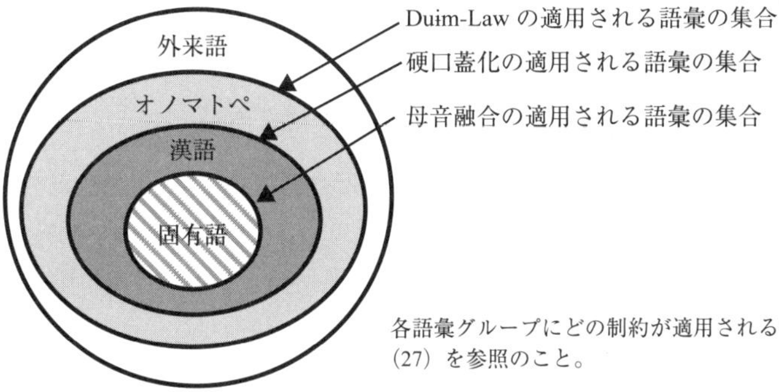

日本語と韓国語のレキシコンの構造は，形態音韻論的な部分と非形態音韻論的な部分の両方を扱っている点，及び規則ではなく制約の適用・不適用により語彙グループを分けている点などで本書で提案したトルコ語と現代ウイグル語のレキシコンの構造とは差異がある。しかし，ある音韻論的な振舞いがみられるか否かによって語彙をグループ分けしているという点では共通しているので，ここではこの 4 つを対照する。なお，日本語ではオノマトペを含めた場合には並列関係があるレキシコンの構造になるが，本節では，(248) の同心円状の構造を取り上げる[2]。

5.2.1. 仮説1:「最も多くの規則（制約）が適用される語彙グループ」が1つだけ存在する

（246）から（249）の全てに当てはまる特徴の1つとして，『「最も多くの規則（制約）が適用される語彙グループ」が1つだけ存在する』というものを挙げることができる。

(250)[3]

言語	最も多くの規則が適用される語彙グループ
日本語，韓国語	固有語（全ての制約）
トルコ語	語彙グループZ（全ての規則）
現代ウイグル語	語彙グループZ（［－円唇性］の削除規則，母音弱化規則，-i/C規則）

Itô and Mester（1995a, 1995b, 1999）では，「核」という，「全ての制約（規則）が適用される語彙グループ」が1つのみ存在すると考えているが，現代ウイグル語では全ての規則が適用される語彙グループというのは存在しない。最も多くの規則が適用される語彙グループはZであるが，それにはr/C規則と-si/C規則は適用されないためである。そこで，Itô and Mester（1995a, 1995b, 1999）の考えに変更を加え，「全て」ではなく『「最も多く」の規則（制約）が適用される語彙グループ』がいくつ存在するかみてみると，どの言語でもそのような語彙グループは1つだけ存在している。

これをみると，「最も多くの規則（制約）が適用される語彙グループが1つだけ存在する構造」というのが，あり得るレキシコンの構造だということがうかがえる。そのため，下の（251）や（252）のような，「最も多くの規則（制約）が適用される語彙グループ」が複数存在する構造はあり得ないレ

---

2 オノマトペを含めた構造を取り上げたとしても，本節で主張する後述の（262）は維持される（オノマトペを含めた場合，第2章の（42）で示したように，*NTの適用される語彙の集合と*Pの適用される語彙の集合が交差関係を成す）。

3 ここでは，「確実に規則が適用されていると考えられる語彙グループ」にのみ着目している。現代ウイグル語の語彙グループXについては，［－円唇性］の削除規則と母音弱化規則が適用されているかどうか検証不可能であった。

キシコンの構造だと考えられる。

(251) 2 つ（以上）の「最も多くの規則（制約）がかかる語彙グループ」が存在している（以下の 2 つの例ではどちらも X と Y が「最も多くの規則（制約）がかかる語彙グループ」である）。

a.

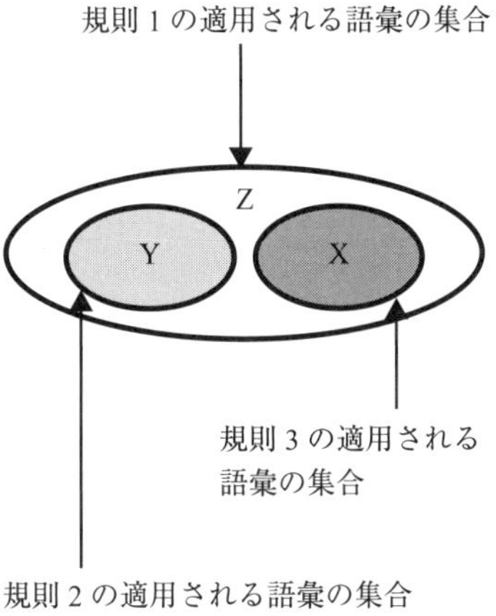

b.

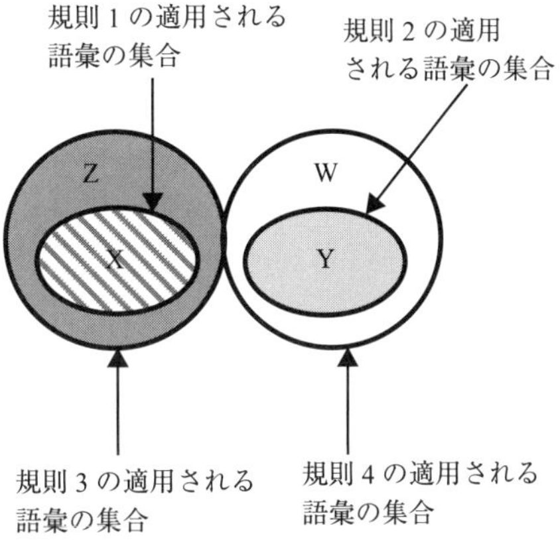

(251a) で適用される規則

X：規則 1, 3

Y：規則 1, 2

Z：規則 1

(251b) で適用される規則

X：規則 1, 3　　W：規則 4

Y：規則 2, 4　　Z：規則 3

(252) 全ての語彙グループに別個の規則が同数だけ適用される。

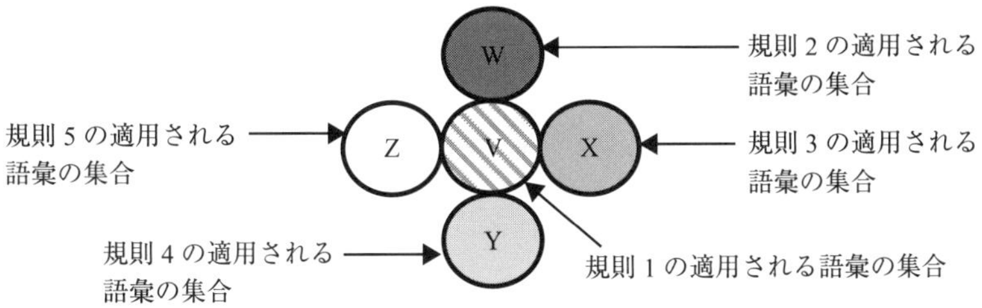

以上の議論から，下の (253) に示す仮説 1 を提案する。

（253）仮説 1

普遍的に，レキシコンには，「最も多くの規則（制約）が適用される語彙グループ」が 1 つだけ存在する。

5.2.2. 仮説 2：必ず包含関係がある構造をもつ

「最も多くの規則（制約）が適用される語彙グループが 1 つだけ存在する構造をもつ」というのが，4 言語に共通する特徴であったが，その他にも共通する特徴はあるようである。第 1 章でも述べたように，2 つの円によって表される「規則が適用される語彙の集合」の関係には，（254）に示す包含関係，交差関係，並列関係の 3 つがある。

（254）=（9）

a. 包含関係：規則 a が適用される語彙の集合（集合 A）が，制約 b が適用される語彙の集合（集合 B）の真部分集合である関係
すなわち，$A \subset B$

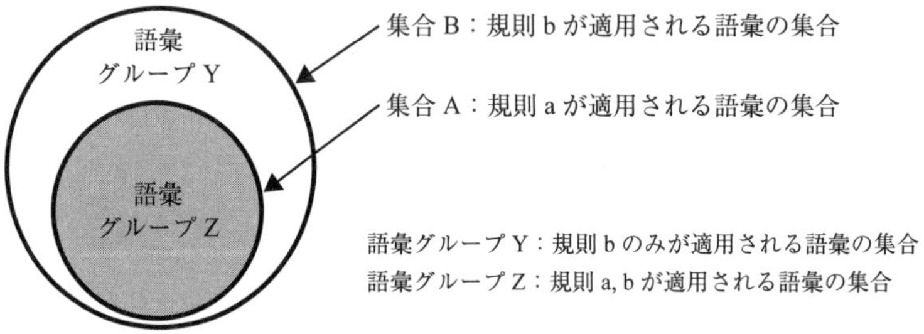

b. 交差関係：制約 a が適用される語彙の集合（集合 A）と，制約 b が適用される語彙の集合（集合 B）に共通部分があるが，包含関係ではない関係
すなわち，$A \cap B$ が存在する。ただし，$A \not\subset B$，かつ，$A \not\supset B$，かつ $A \neq B$

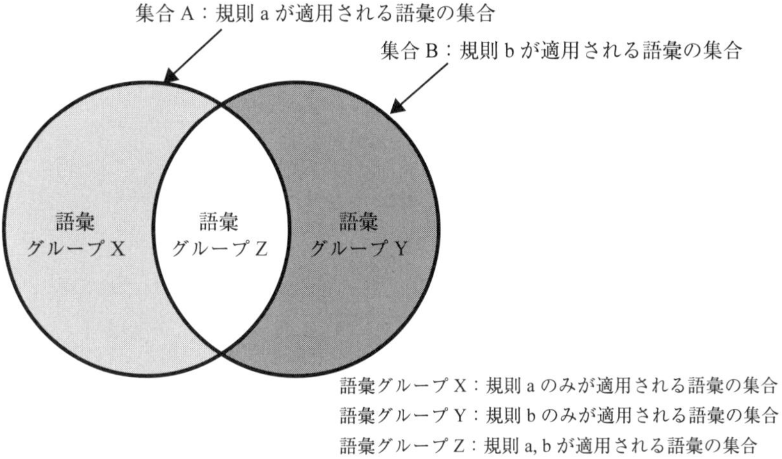

c. 並列関係：規則 a が適用される語彙の集合（集合 A）と，規則 b が適用される語彙の集合（集合 B）に共通部分がない関係
すなわち A ∩ B = Ø

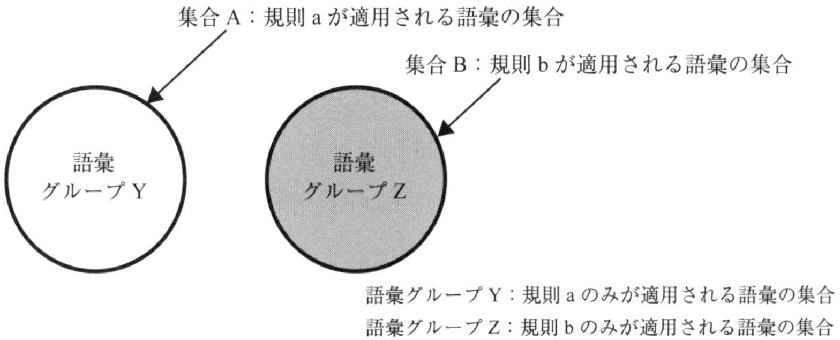

レキシコンの構造がこの 3 つ，あるいは，それぞれを組み合わせたものだとすると，論理的に可能なレキシコンの構造は，下の（255）に示す 7 通りになる。

(255)

	包含	交差	並列
包含	i. 包含のみ		
交差	ii. 交差＋包含	v. 交差のみ	
並列	iii. 並列＋包含	vi. 並列＋交差	vii. 並列のみ
並列＋交差	iv. 並列＋包含＋交差		

ここで，対照している 4 言語それぞれの構造がこの 7 つのどれに当てはまるかをみると，必ず包含関係を含む構造になっていることがわかる。

(256)

	包含	交差	並列
包含	i. 包含のみ 日本語，韓国語		
交差	ii. 交差＋包含 トルコ語	v. 交差のみ	
並列	iii. 並列＋包含 現代ウイグル語	vi. 並列＋交差	vii. 並列のみ
並列＋交差	iv. 並列＋包含＋交差		

下の（257）に示すように，トルコ語は交差関係がある一方で包含関係もあるので，ii. 交差＋包含ということになる。また，下の（258）に示すように，現代ウイグル語は包含関係がある一方で並列関係もあるので，iii. 並列＋包含ということになる。

(257) トルコ語

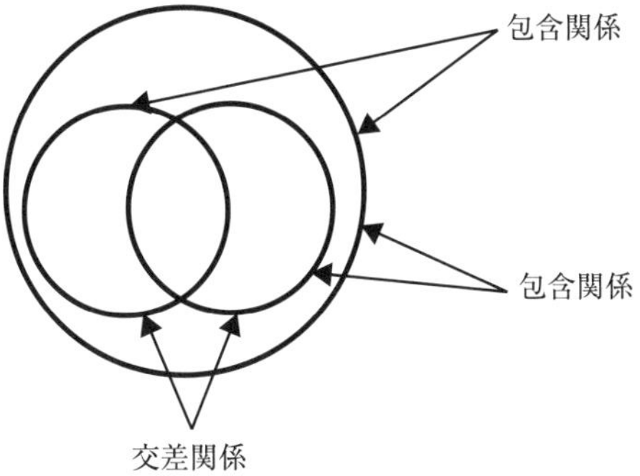

(258) 現代ウイグル語

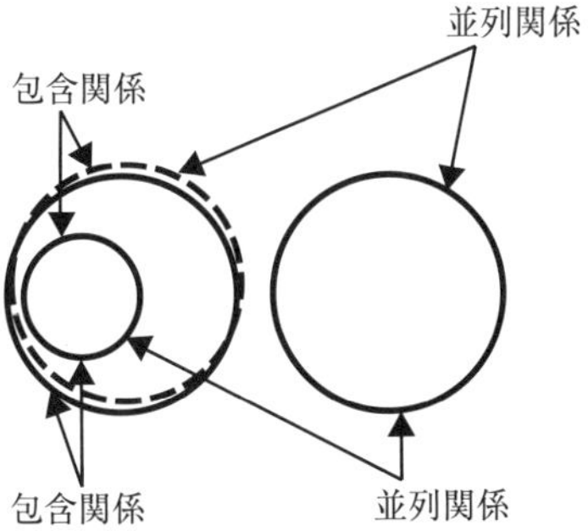

このように考えると，「必ず包含関係がある構造をもつ」というのが，ありえるレキシコンの構造だと考えられる。一方で（259a）の交差関係のみがある構造，（259b）の交差＋並列という関係がある構造，（259c）の並列関係のみがある構造はあり得ないレキシコンの構造ということになる。

(259) a. 交差関係のみ　　　　b. 交差＋並列

c. 並列関係のみ

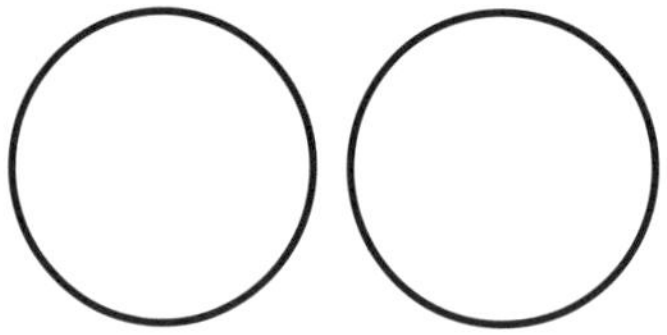

つまり，レキシコンの構造としてあり得るのは，下の（260）に示す4つのみということになる。

（260）

a. 包含のみ　例：韓国語，日本語

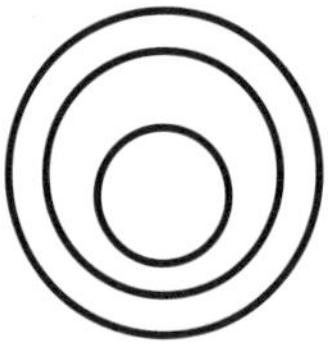

b. 交差＋包含　例：トルコ語

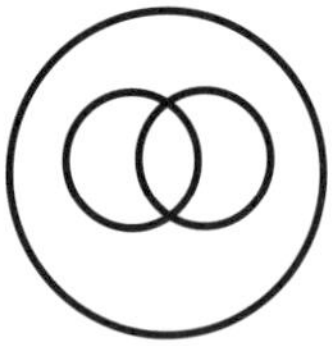

c. 並列＋包含　例：現代ウイグル語

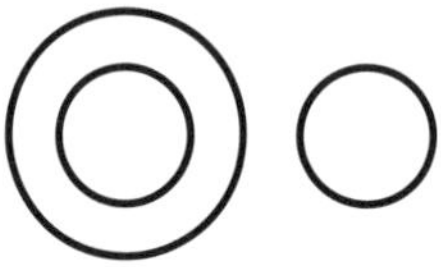

d. 並列＋包含＋交差

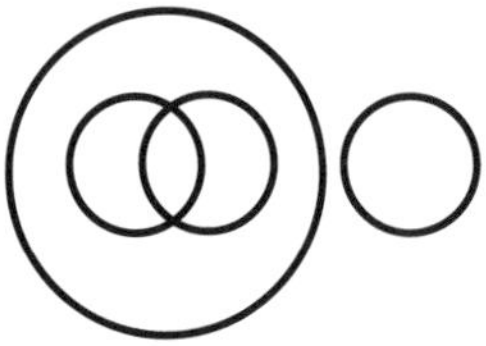

※現段階では，（260a）から（260c）までは実際の言語で存在することが確認されているが，（260d）のようなレキシコンの構造をもつ言語はまだ確認できていない。

以上の議論から，下の（261）に示す仮説2を提案する。

（261）仮説2

普遍的に，レキシコンは，必ず包含関係がある構造をもつ。

5.2.3. まとめ

以上，レキシコンの構造として言語間で共通する特徴として何があるのかについて議論し，下の（262）に示す 2 つが共通する特徴であること，及び，上の（260）で示した 4 つの構造があり得るレキシコンの構造であることを示した。

（262） a. 最も多くの規則（制約）が適用される語彙グループが 1 つだけ存在する構造をもつ。
　　　b. 必ず包含関係がある構造をもつ[4]。

また，（262）から，レキシコンがもつ普遍的特徴を明らかにする足がかりとして，下の（263）に示す 2 つの仮説を提案した。

（263） 仮説 1
　　　普遍的に，レキシコンには，「最も多くの規則（制約）が適用される語彙グループ」が 1 つだけ存在する。
　　仮説 2
　　　普遍的に，レキシコンは，必ず包含関係がある構造をもつ。

今後は，この 2 つの仮説を検証するために，より多くの言語を対象としていく必要があるだろう。また，現段階ではどのような構造があり得る構造なのかを示しただけであり，それがなぜあり得る構造なのかという問いには答えられていない。今後はそれに答えを与えることも課題となる。

次章ではまとめと今後の課題を示す。

---

[4] もしかしたら，（262b）は当然の帰結かもしれない。音節構造制約のように，当該言語の全ての語彙が従う制約というのはおそらくどの言語にも存在する。そのような制約が適用される語彙の集合を表す円は，全ての「規則が適用される語彙の集合」を包含するので必ず包含関係があることになる。ただ，トルコ語や現代ウイグル語のように，音節構造制約に着目せずに，形態音韻論的な規則のみに着目したとしても包含関係はある。形態音韻論的な規則についても，必ず包含関係があることに理由があるのかどうかは，まだ明らかではない。

第 6 章
まとめと今後の課題

6.1. まとめ

本書では，トルコ語と現代ウイグル語を対象とし，下の（264）に示す 4 つを達成することを目的としていた。

(264) = (13)

a. トルコ語と現代ウイグル語それぞれにおいて，語彙グループの形成に関与的である音韻論的現象に着目し，その現象を記述する音韻規則を提案する。

b. 提案した諸規則の適用・不適用から，語彙の集合関係を明らかにし，トルコ語と現代ウイグル語それぞれで語彙グループがいくつ存在するのかを明らかにする（すなわちレキシコンの構造を明らかにする）。

c. トルコ語と現代ウイグル語について，Itô and Mester（1995a, 1995b, 1999）の理論の妥当性を検証する。

d. トルコ語と現代ウイグル語，及び先行研究で明らかになったレキシコンの構造を対照し，言語間で共通する特徴を明らかにする。さらに，その特徴から，レキシコンの普遍的な特徴を明らかにするための仮説を提案する。

（264a）については，トルコ語と現代ウイグル語それぞれについて，下の（265）と（266）に示す規則を提案した。

(265) トルコ語で提案した語彙グループの形成に関与的な規則

a. 音節末子音の無声化規則＝(59)

音節末に位置するDに［－有声性］を付与せよ。

b.「舌の前後の調和」規則＝(103a)

舌の前後に関する素性が未指定になっている母音（/I, A/）に直前の分節音がもつVPlace内の［舌頂音性］または［舌背音性］を拡張せよ。

c. 脱重子音化規則＝(137)

音節末に同一の子音により構成された子音連続がある場合，そのうち1つを削除せよ。

(266) 現代ウイグル語で提案した語彙グループの形成に関与的な規則

a. 母音弱化規則（［＋低舌性］と「舌の前後の素性」の削除規則）＝(167)

語中の開音節内に存在する非円唇低舌短母音（/a, æ/）がもつ［＋低舌性］，及び「舌の前後の素性」（［舌頂音性］，［舌背音性］）を削除せよ。

b.［－円唇性］の削除規則＝(177)

語中の開音節内に存在する非円唇低舌短母音（/a, æ/）がもつ［－円唇性］を削除せよ。

c. r/C 規則＝(195)

子音で終わる語幹に，母音で始まる接尾辞が後続する際，その間にrを挿入せよ。

d. -i/C 規則＝(190b)

直前が子音である場合，{3.POSS}を/-i/とせよ。

e. -si/C 規則＝(204)

直前が子音である場合，{3.POSS}を/-si/とせよ。

(264b）については，トルコ語と現代ウイグル語それぞれのレキシコンの構造が，下の（267）と（268）のようになっていること，及びトルコ語には4つの語彙グループ，現代ウイグル語には3つの語彙グループが存在することを明らかにした。

(267) = (139)　トルコ語のレキシコンの構造 = (139)

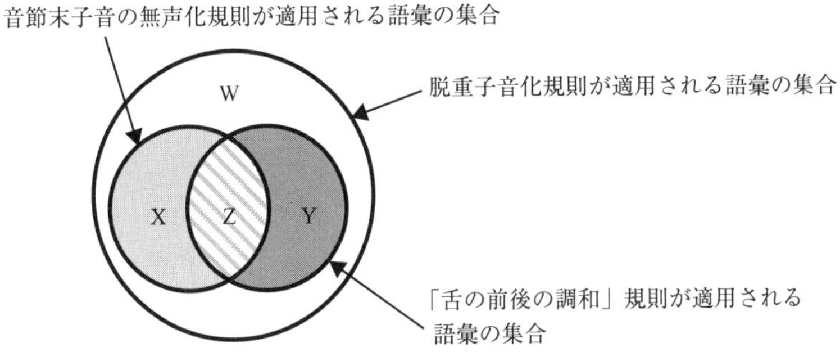

(268) = (232)　現代ウイグル語のレキシコンの構造 = (232)

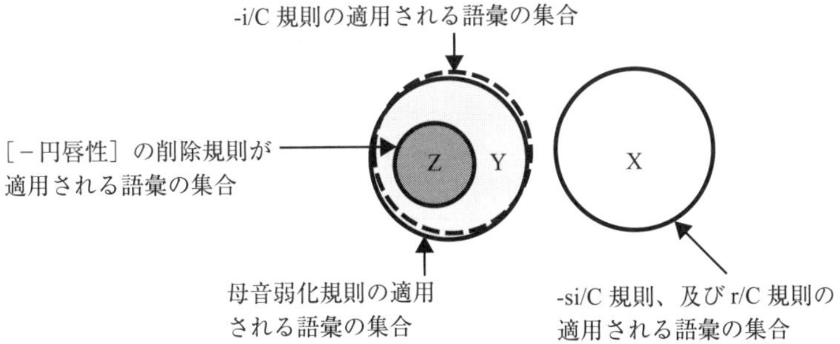

(264c) については，(245) にも示したように，Itô and Mester (1995a, 1995b, 1999) の理論が，トルコ語と現代ウイグル語にみられる語彙間の音韻論的差異を捉えるためには，妥当ではないことを示した ((245) を (269) に再掲する)。

(269)=(245)

	トルコ語	現代ウイグル語
(239a) レキシコン内の全ての語彙の集合は包含関係にあり，同心円を形成しているのか。Itô and Mester (1995a, 1999)	No 包含関係を成していない部分があるため	No 包含関係を成していない部分があるため
(239b) 忠実性の原理によって語彙間で音韻論的差異が生じているのか。Itô and Mester (1999)	Yes 音節末子音の無声化規則にみられる音韻論的差異は忠実性の原理の強弱によるものであるため No「舌の前後の調和」規則にみられる音韻論的差異は忠実性の原理の強弱によるものではないため	Yes［－円唇性］の削除規則にみられる音韻論的異は忠実性の原理の強弱によるものであるため No r/C 規則と，-si/C 規則にみられる音韻論的差異は忠実性の原理の強弱によるものではないため
(239c) 全ての規則が適用される語彙グループ（核）は必ず存在するのか。Itô and Mester (1995a, 1995b, 1999)	Yes 核が存在するため	No 核が存在しないため

最後に（264d）については，4 言語に共通する特徴として，下の（270）に示す 2 つの特徴があることを示した。また，レキシコンがもつ普遍的特徴を明らかにする足がかりとして，下の（271）に示す 2 つの仮説を提案した。

(270)=(262)

a. 最も多くの規則（制約）がかかる語彙グループが 1 つだけ存在する構造をもつ。

b. 必ず包含関係がある構造をもつ。

(271)=(263)

仮説 1

普遍的に，レキシコンには，「最も多くの規則（制約）が適用される語彙グループ」が 1 つだけ存在する。

仮説 2

普遍的に，レキシコンは，必ず包含関係がある構造をもつ。

6.2. 今後の課題

6.2.1. 各章で今後の課題としてきた問題，及び本書の全体にわたる今後の課題

各章で今後の課題とした問題を以下に示す。

(272) 第 2 章で今後の課題とした事項

*NT や連濁規則が適用される語彙の集合と，複合語アクセント規則が適用される語彙の集合が交差関係を成しているのか，それとも並列関係を成しているのかが明らかではない（p. 38）。

(273) 第 3 章で今後の課題とした事項

a. [sol^{j}-un] のように，語幹の最終母音に /l^{j}/ や /r^{j}/ が後続し，かつ交替母音として後舌母音が現れる単語が存在するかどうかが明らかではない（p. 78）。

b. 基底の段階から［舌頂音性］と［－円唇性］が指定されていると本書では仮定するが，/ei/ という母音連続においてなぜ Kabak（2007）の母音同化規則（(121)）が適用されないのかが明らかではない（p. 87）。

(274) 第 4 章で今後の課題とした事項

a. /i/ がどのような環境において [i] として実現し，どのような環境において [ɨ] として実現するかが十分に明らかではない（p. 102）。

b. 有標母音と無標母音の対立の種類（長短の対立，はりとゆるみの対立もしくはそれ以外）が明らかではない。また，有標母音終わ

りの語幹においてなぜ，r 挿入規則 $\emptyset \rightarrow r/V' - \_\_ V$ が適用されるのかが明らかではない（p. 138）。

c. 借用語に「ALIGN（語幹，右端：音節，右端）」が働くことを仮定すると，現代ウイグル語の借用語では，語幹末子音が接尾辞側の母音と音節を形成することは許されないが，語幹末母音が接尾辞側の子音と音節を形成することは許されることになる（$^{*}[C\text{-}VC]_{\sigma}$, $^{ok}[CV\text{-}C]_{\sigma}$）。この非対称性をどのように捉えるべきかが明らかではない（p.133, 脚注 29）。

また，本書の全体にわたる今後の課題として以下の 4 点が残っている。

(275) a. 非形態音韻論的な差異を扱っていない点

b. Itô and Mester（1995a, 1995b, 1999）の理論が妥当ではないことを示したが，現段階ではそれに代わる新たな理論を提案することはできていない点

c. (270) に示す特徴をもつレキシコンの構造があり得るレキシコンの構造であることを示唆したが，なぜその構造があり得る構造であるのかが明らかではない点

d. (271) に示した仮説の検証が行われていない点

これらも今後取り組んでいかなければならない。以下の 6.2.2. 節では特に，(275b) について議論し，今後提案すべき新たな理論の方向性を示す。

6.2.2. 新たな理論づくり

Itô and Mester（1999）では，最適性理論を採用し，指標付きの忠実性制約により，語彙間の差異が生まれると主張するが，上の（269）の（239b）の段でも示したように，全ての音韻論的差異が忠実性の原理の強弱によって生じるわけではないので，忠実性の原理が関わらない音韻論的差異も扱える理論を提案する必要がある。また，Itô and Mester（1999）で仮定されていた制約のランキングは，レキシコン内の全ての語彙の集合が包含関係にあり，同

心円状の構造を成している必要があったが，トルコ語と現代ウイグル語では全ての語彙の集合が包含関係にあるわけではない。そのため，「全ての語彙の集合が包含関係にある同心円状の構造」を仮定せずに，音韻論的差異を捉える必要がある。

最適性理論の枠組みでは，Itô and Mester（1999）とは異なる形で語彙間の音韻論的差異を扱う理論として，Anttila（1997, 2002）などの共音韻論（Co-phonology）がある[1]。これは，異なる語彙グループは異なる制約のランキングによる評価を受ける，というものである。例えば日本語の固有語と漢語の*NT にみられる差異は下の（276）に示す別個のランキングを仮定することで説明される。

(276)	固有語のランキング	*NT >> Faith
	漢語のランキング	Faith >> *NT

固有語のランキングでは *NT が上位に位置するので，/kaN-ta/“噛んだ”の /t/ は [d] になるが，漢語のランキングでは，Faith が上位に位置するので，/siN-teki/“心的”の /t/ は [t] のまま実現するというわけである。しかし，これでは，固有語には固有語専用の文法（音声形を導く制約のランキング），漢語には漢語専用の文法というように，文法を語彙グループごとに分けることになってしまう。McCawley（1968: 73）ではすでにこのような考えが問題であることが指摘されており，「異なる語彙グループに属する語彙同士が，かなり自由に結合できるわけであるから，規則群は1つの文法を成していると考えられる[2]」と述べている。語彙グループ間の音韻論的差異を捉える理論を提案する際には，「語彙グループごとに異なる文法が存在するとは考え

[1] Inkelas and Zoll（2007）によれば，共音韻論の考え方は，Kiparsky（1982）などの語彙音韻論に端を発するという。その意味では共音韻論は最適性理論の枠組みの中だけに存在する考えというわけではないかもしれない。しかし，発展を遂げたのは最適性理論の枠組みにおいてのことなので，ここでは最適性理論における考えの1つとして扱うことにする。

[2] これは，[McCawley 1968: 73, 2.1.2. 節，l.5-6] を筆者が和訳したものである（多少の意訳を含む）。原文を以下に示す。

… since morphemes of the different strata can combine with great freedom, the resulting rules must form one grammar …

られない」ということに留意すべきだろう。

語彙間の音韻論的差異を扱った他の研究としては，規則ベースの考えをとる Kiparsky（1982）の語彙音韻論（Lexical phonology）がある。語彙音韻論というのは，語形成が行われるレベルの違いが，音韻論的差異につながると考える理論である。

(277) 語彙音韻論のモデル

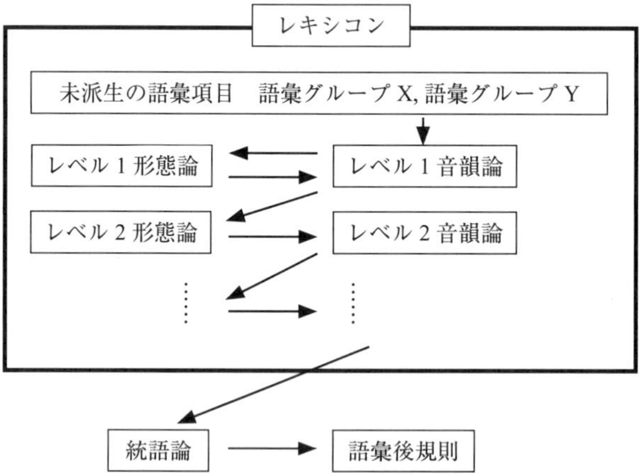

このモデルでは，語形成はレキシコンで行われると考える。また，未派生の語彙項目は，いくつかの語彙グループに分かれていると考える[3]。

レキシコン内では，形態論がいくつかのレベルに分かれて順序付けされており，各レベルの形態論に対応する音韻論がある。例えば，レベル 1 の形態論的規則が適用される際にはそれに付随してレベル 1 の音韻規則が適用される。その後，レベル 2 の形態論的規則が適用される際にはそれに付随してレベル 2 の音韻規則が適用される。語彙項目はいくつか存在するレベルにおいて形態論的規則と音韻規則が適用された後，最後にはレキシコンを出て，統語論に送られる。また，語彙グループ X に属する単語（語彙項目）はレベル 1 の段階から，語彙グループ Y に属する単語（語彙項目）はレベル 2 の

[3] 語彙音韻論においては，語彙グループという用語ではなく，クラスという用語が用いられる。

段階から，というように，各単語にはどのレベルで語形成が始まるかが指定されていると考える。なお，レキシコン内で適用される音韻規則は「語彙規則」と呼ばれ，統語論的操作が終わった後に適用される「語彙後規則」とは区別される。

Kiparsky（1982）はこのモデルを用いて，英語における語彙間の音韻論的差異，例えば，/in-/ のような調音点の同化を起こす接頭辞（i[**m**]-possible, *i[**n**]-possible）と，/un-/ のような調音点の同化を起こさない接頭辞（u[**n**]-kind, *u[**ŋ**]-kind）の違いを捉えようとした。Kiparsky（1982）は，/in-/ の語幹への接辞，及び調音点の同化はレベル 1 で起きると仮定し，また，その一方で /un-/ の語幹への接辞はレベル 2 で起きると仮定する。このように考えると，下の（278）に示すように，/un-/ が接辞するレベルは同化規則適用後ということになるので，調音点の同化が起きないことが説明できる。つまり，先述のように，語形成が行われるレベルの差異が音韻論的差異につながるのである。

（278）i[**m**]-possible と u[**n**]-kind それぞれの派生[4]

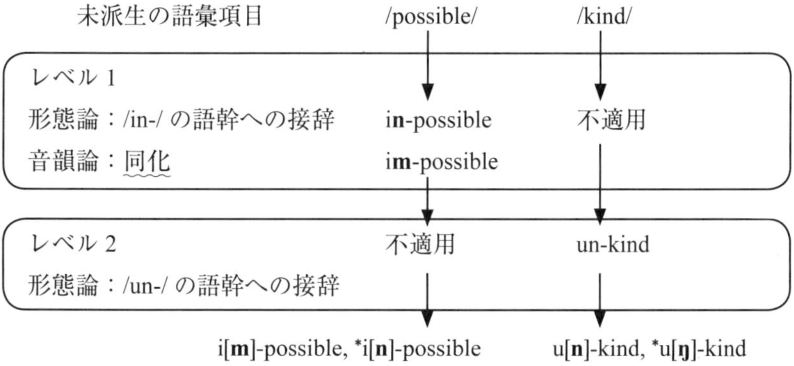

この語彙音韻論であれば，語彙グループごとに複数の文法を考えることなく，語彙間の差異を捉えることができる。しかし，この理論は，少なくともトルコ語にみられる音韻論的差異を捉えるためには，適切な理論ではないよ

[4] ここでは，/possible/ の語形成はレベル 1 の段階から，/kind/ の語形成はレベル 2 の段階から始まると仮定している。

うである。それを示すために，以下では下の（279）の，「舌の前後の調和」規則が適用される語彙と適用されない語彙の派生を考える。

（279） a.「舌の前後の調和」規則が適用される語彙 /karn-In/ [karn-ɯn] “お腹-GEN”

b.「舌の前後の調和」規則が適用されない語彙 /hadʒm-In/ [hadʒm-in] “量-GEN”

（279a）で /karn/ と /-In/ の間で「舌の前後の調和」がみられることを考えると，「舌の前後の調和」規則が適用されるレベルは，下の（280）に示すように，「/-In/ の語幹への接辞」という形態論的規則が適用されるレベルと同じレベル，もしくは（281）に示すように，それより後のレベルでなければならない。

（280） レベル 1 で /-In/ の語幹への接辞が起き，かつ「舌の前後の調和」規則が適用されると仮定した場合の派生

未派生の語彙項目	/karn/
レベル 1	↓
形態論：/-In/ の語幹への接辞	karn-In
音韻論：「舌の前後の調和」規則	karn-ɯn

（281） レベル 1 で /-In/ の語幹への接辞が起き，レベル 2 で「舌の前後の調和」規則が適用されると仮定した場合の派生

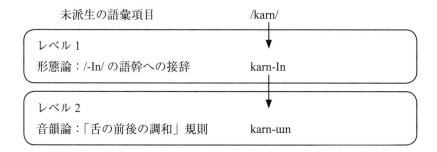

未派生の語彙項目	/karn/
レベル 1	↓
形態論：/-In/ の語幹への接辞	karn-In
レベル 2	↓
音韻論：「舌の前後の調和」規則	karn-ɯn

しかし，(279b) で /haʤm/ と /-In/ の間で「舌の前後の調和」がみられないことを考えると，「舌の前後の調和」規則が適用されるレベルは，下の (282) に示すように，「/-In/ の語幹への接辞」が適用されるレベルより前のレベルでなければならず，上の (280) や (281) と矛盾が生じてしまう。つまり語彙音韻論では，「舌の前後の調和」規則にみられる音韻論的差異を捉えることはできないのである。

(282) レベル 1 で「舌の前後の調和」規則が適用され，レベル 2 で /-In/ の語幹への接辞が起きると仮定した場合の派生

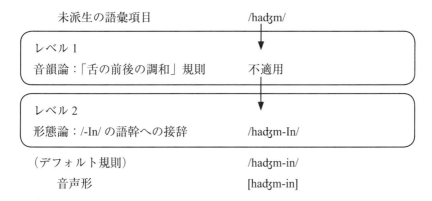

未派生の語彙項目	/haʤm/
レベル 1 音韻論：「舌の前後の調和」規則	↓ 不適用
レベル 2 形態論：/-In/ の語幹への接辞	↓ /haʤm-In/
(デフォルト規則)	/haʤm-in/
音声形	[haʤm-in]

このように，既存の理論を仮定してみても，何らかの問題が生じてしまう。現段階では代替案を提出できるわけではないが，例えば，Kiparsky (1982) が，語彙規則と語彙後規則の 2 つを分けているように，音韻規則が派生のどの段階で働いているかを整理し，それぞれの規則にみられる音韻論的差異の原因を異なるものに帰すべきかもしれない。例えば，トルコ語の音節末子音の無声化規則は，下の (283) に示すように，主に語幹末の音節末子音に適用される[5]。

[5] 以下に示すように，語幹に接辞した接尾辞内の音節末子音にも音節末子音の無声化規則はみられることがある。しかし，音節末子音の無声化規則がみられる接辞は生産性が低いので，/語幹 + 接尾辞/ という形式ですでにレキシコンに登録されていると考えられる。

/baʃla-n-gIʤ/ 始める-PASS-名詞化接尾辞	baʃlan-gɯʧ	“始まり”
/syz-gAʤ/ 濾す- 名詞化接尾辞	syz-geʧ	“ざる”

このことから，音節末子音の無声化規則は語幹を適用範囲とした，語形成の段階で適用される規則だと考えられる。

(283) /kita**b**/ kita**p** “本”

/gy**ʤ**/ gy**ʧ** “力”

一方で，「舌の前後の調和」規則は，規則の性質上語幹と接尾辞間でみられるのは当然であるが，下の (284) に示すように，文末に現れるモダリティを表す要素や，動名詞化接尾辞（とそれに後続する他の接尾辞）などにもみられる。このことを考えると，母音調和は，統語論的操作が終わった段階で適用される規則だと考えられる。

(284) a. モダリティ要素 /dIr/ “だろう”

polis-ler bunu iste - jeʤek - **tir**[6]

警察-PL これ.ACC 欲する-FUT-DIR

“警察たちはこれを欲するだろう。”

b. 動名詞化接尾辞 /mA/

polis-in bura-ya gel-**me-si-ni** iste-dim

警察-GEN これ-DAT 来る-GER-3.POSS-ACC 欲する-1.SG.PAST

“私は警察の来ることを求めた。(＝私は警察に来てほしい)”

つまり，下の (285) に示すように，音節末子音の無声化規則は Kiparsky (1982) のいう，語形成の段階で適用される「語彙規則」，「舌の前後の調和」規則は統語論的操作の後に適用される「語彙後規則」と同じものとして捉えることができる。

(285)

	適用される段階		Kiparsky (1982)
音節末子音の無声化規則	派生のかなり早い段階	≒	語彙規則
「舌の前後の調和」規則	統語論的操作の後	≒	語彙後規則

語彙音韻論では，語彙がどの語彙グループに属し，どのレベルで語形成が

[6] /-dIr/ の初頭の /d/ は直前が無声音である場合，無声音の /t/ になる。

始まるかが異なることにより音韻論的差異を説明しようとした。音節末子音の無声化規則を語彙規則の一つとみるなら，音節末子音の無声化規則が適用されるかどうかという差異は，語彙グループの違いに帰することができる（(286a)）。一方で，Kiparsky（1982）は，語彙後規則は語彙グループの違いによらず，環境が整えば一律に適用されるとしている。「舌の前後の調和」規則を語彙後規則の一つとみるなら，「舌の前後の調和」でみられる音韻論的差異は語彙グループの違いによって生じているのではなく，何らかの別の原因により生じていると考えられる（(286b)）。

(286)		音韻論的差異の原因
a. 語彙規則	音節末子音の無声化規則	語彙グループの違い
b. 語彙後規則	「舌の前後の調和」規則	語彙グループとは別の原因

Kiparsky（1982）では，そもそも語彙後規則は一律に適用されるので，語彙後規則に関して語彙間の音韻論的差異がみられることはないと考えているが，ここでは（286b）に示したように語彙後規則においても差異を生み出す何らかの原因があると考えることになる（それが何であるかは現段階では明らかではない）[7]。今後は（286）のような可能性も含めた検討をしていきたい。

6.3. 補遺

ここでは，Itô and Mester（1995a, 1995b, 1999）の考えでは捉えられないとした現象（トルコ語の「舌の前後の調和」と現代ウイグル語の r 挿入）が，実際に彼らのとる最適性理論のアプローチでは捉えられないことを示す。Itô and Mester（1999）は，語彙間の音韻論的差異を説明するために，下の（287）のようなランキングを仮定する。

7　他にも，「派生のどの段階で適用されているか」を判断する基準としてどのような点に着目すべきかや，派生にはいくつの段階があるのか，といったことも考慮する必要があるだろう。これらについても，今後の課題である。

（287）忠実性制約（Faith）$_X$>> 有標性制約 >> 忠実性制約（Faith）$_Y$

このランキングでは，有標性制約が，2つの忠実性制約に挟まれている。この2つの忠実性制約はどの語彙グループに働くかが異なる。どの語彙グループに働くかは，つけられている指標（X, Y）が示している。このようなランキングによって説明できる差異の例を挙げると，日本語の固有語（N）では鼻音の後ろには無声阻害音は現れないが，漢語（SJ）では現れることができる。この差異は（287）のランキングによって捉えると，下の（288）のようになる。

（288）

		Faith $_{SJ}$	*NT	Faith $_N$
/kaN-ta/ "噛んだ" 固有語（N）に属する	kan-ta		*!	
	☞ kan-da			*
/siN-tai/ "身体" 漢語（SJ）に属する	☞ ʃin-tai		*	
	ʃin-dai	*!		

*NT が（287）における有標性制約にあたる。また，この制約に従う語彙グループの忠実性制約（Faith$_N$）は有標性制約より下位に，従わない語彙グループの忠実性制約（Faith$_{SJ}$）は有標性制約より上位に位置することになる。

また，Itô and Mester（1999）は，忠実性制約として Faith というものを仮定しているが，この Faith というのは実際には，いくつかの忠実性制約の集合である。Itô and Mester（1999）は，日本語においては，下の（289）に示す2つの忠実性制約が Faith の中に組み込まれていると仮定している。

（289）Faith-F: 入力に存在する分節音がもつ素性とその指定を出力においても維持せよ。

Faith-μ: 入力のモーラ数を出力においても維持せよ。

［Itô and Mester 1999: 75, (23) を一部修正］

この2つは日本語を対象とした議論において最低限必要になる制約である。Itô and Mester（1999）では Faith という制約は決してこの2つだけで構成されているわけではなく，他の忠実性制約が組み込まれている必要があるとしている。いいかえると，Itô and Mester（1999）は同じ指標をもった忠実性制約群はランキング上でも同じ位置にあると考える[8]。例えば，固有語に対する FAITH-F が *NT より下位に位置するのであれば，固有語に対する FAITH-μ も同じく *NT より下位に位置することになる。そのため，例えば，固有語に対する FAITH-F が *NT より下位に位置する一方で，固有語に対する FAITH-μ が *NT より上位に位置するというのは認められない。

（290）Itô and Mester（1999）では認められないランキング
　　　FAITH-μ_{N} >> *NT >>FAITH-F_{N}

ここでは，Itô and Mester（1999）同様，FAITH を忠実性制約の集合体とし，下の（291）のような形で定義する。

（291）FAITH：出力内の分節音の配列順，及び出力内の各分節音がもつ素性とその値は入力内のそれらと同一でなければならない。

以下の 6.3.1. 節ではトルコ語の「舌の前後の調和」について，6.3.2. 節では，現代ウイグル語の r 挿入について議論する。そして上の（287）のようなランキングを仮定しても，各言語にみられる語彙間の音韻論的差異が捉えられないことを示す。

6.3.1. トルコ語の「舌の前後の調和」

隣接する母音が同じ素性をもつことを要求する制約として，最適性理論ではいくつかの制約があげられているが，ここでは，有標性制約の SPREAD（Padgett 1995, 2002）を採用する[9]。

---

[8] このように Itô and Mester（1999）が考えるのは，第 2 章の 2.1.2. 節でも述べたように，どの指標をもった忠実性制約がどの位置にランキングしているかは，「核と周辺」構造にみられる包含関係に従って決まると考えているためである。

[9] 最適性理論を枠組みとした母音調和の研究では SPREAD 以外に，ALIGN 制約（Kirchner 1993）や，AGREE 制約（Bakovic 2000）などを仮定する方法がとられている。仮に SPREAD 以外の制約をここで仮定してみても，Itô and Mester（1999）の考えではうまく捉えられない点は変わらない。

（292）SPREAD[背]，[頂]（以下単に SPREAD と表記する。）
（VPlace 内の）［舌背音性］ないし［舌頂音性］は全ての母音に連結していなければならない。

上の（287）に示したランキングと並行的なランキングを考えると，このSPREAD が*NT にあたる。さらに，漢語，すなわち，*NT に従わない語彙グループを，「舌の前後の調和」がみられない語彙グループ（X または W）とするなら，その語彙グループに対する忠実性制約（FAITH X, W）は SPREAD より上位に位置することになる（FAITH X, W >> SPREAD）。また，上の（288）の固有語，すなわち，*NT に従う語彙グループを，「舌の前後の調和」がみられる語彙グループ（Z または Y）とするなら，その語彙グループに対する忠実性制約（FAITH Z, Y）は SPREAD より下位にあることになる（SPREAD >> FAITH Z, Y）。まとめると下の（293）のようなランキングが仮定できる。

（293）FAITH X, W >> SPREAD >> FAITH Z, Y

しかし，このランキングでは語彙グループ X，W と語彙グループ Z，Y の差異はとらえられない。なぜなら，第 5 章でも述べたように，i. 語幹の音配列，ii. 接尾辞内の子音，iii. 交替母音の舌の高さの素性，といった入力内にある要素は，「舌の前後の調和」が起きようと起きまいと音声形において維持されるためである。下の（294）に示すように，FAITH X, W と FAITH Z, Y はどの候補にも違反マーク“＊”をつけない。また，上の（293）のランキングを仮定してしまうと，/hadʒm/“量”のように，X（または W）に属する語彙についても，「舌の前後の調和」がみられる候補の方が誤って最適とみなされてしまう。したがって，Itô and Mester（1999）の考えでは「舌の前後の調和」にみられる音韻論的差異をうまく捉えられないことになる。

（294）（293）のランキングでの候補群評価[10]

		FAITH X, W	SPREAD	FAITH Z, Y
/karn-In/ | ［背］ /karn/“お腹”は Z に属する。	☞ karn-ɯn ［背］			
	karn-in ［背］［頂］		**!	
/hadʒm-In/ | ［背］ /hadʒm/“量”は X に属する。	💀 hadʒm -ɯn ［背］			
	hadʒm-in ［背］［頂］		**!	

6.3.2. 現代ウイグル語の r 挿入

次に現代ウイグル語の r 挿入について議論する。/r/ が挿入される理由を，形態素境界と音節境界をそろえるためだとすると，McCarthy and Prince（1993）がアヒニンカ・カンパ語やドイツ語で仮定した制約である，ALIGN（Stem, R, σ, R）を仮定することになる。

（295）ALIGN（Stem, R, σ, R）（以下 ALIGN と略記することがある。）
語幹の右端と，音節の右端をそろえよ。

（296）ALIGN（Stem, R, σ, R）を仮定した場合の候補群評価

		ALIGN（Stem, R, σ, R）
/biŋʃaŋ-Im/	☞ biŋ. ʃaŋ.-rim	
	biŋ. ʃi. ŋ-im	*!　biŋ. <u>ʃi. ŋ</u>-im

（296）の 2 つの候補の内，[biŋ. ʃi. ŋ-im] では，語幹末（語幹の右端）の /ŋ/

[10] 語幹に接辞しているのは，属格接尾辞（/-In/）である。また，💀 は実際の音声形とは異なる候補が，最適とみなされてしまうことを表す。なお，*[karn-in] に 2 つの違反マークがついているが，これは，［背］が [i] に連結していないため，違反マークが 1 つ，さらに，［頂］が [a] に連結していないため，違反マークが 1 つつくためである。同様に，[hadʒm-in] には 2 つの違反マーク（*）がついているが，これは，［背］が [i] に連結していないため，違反マークが 1 つ，さらに，［頂］が [a] に連結していないため違反マークが 1 つつくためである。

が音節の右端に位置していないため，制約に違反している。一方で /r/ が挿入された [biŋ.ʃaŋ.-rim] は /ŋ/ が音節の右側境界に位置しているため，制約に違反していない。ただ，このままでは，/jiriŋ/ のような，r 挿入が起きない語彙グループ（Y，Z）についても，/r/ が挿入された形式が最適とみなされてしまう。そのため，下の（297）のように，Align（Stem, R, σ, R）に，語彙グループ X に対する指標をつける必要が出てくる。

（297）Align（Stem, R, σ, R）X >> *CC というランキングでの候補群評価

		AlignX	*CC
/biŋʃaŋ-Im/ /biŋʃaŋ/ は X に属する	☞ biŋ. ʃaŋ.-rim		**
	biŋ. ʃi. ŋ-im	*! biŋ. ʃi. ŋ-im	*
/jiriŋ-Im/ /jiriŋ/ は Z に属する	☞ ji. ri.ŋ-im		
	ji. riŋ.-rim		*!

Align（Stem, R, σ, R）X は語彙グループ X に属する語彙の候補群のみを評価するため，/jiriŋ/ の候補群の評価はしない。また，Align（Stem, R, σ, R）X のみでは，[ji.riŋ.-rim] と [ji.ri.ŋ-im] のどちらが最適か判断がつかないため，（297）では「子音連続 1 つにつき，その候補に違反マークを 1 つつけよ」とする有標性制約 *CC を仮定している（*CC により，子音連続をもつ候補である [ji.ri**ŋ**.-**r**im] に違反マークが 1 つつき，子音連続がない [ji.ri.ŋ-im] が最適とみなされる）[11]。この Align 制約は音声形の適格さを評価するものであって，忠実性制約ではない。忠実性制約ではない制約に指標をつけることは Itô and Mester（1999）の考えでは認められていないため，Itô and Mester（1999）の考えでは，r 挿入にみられる音韻論的な差異を説明することができないことになる。

ただ，McCarthy and Prince（1995）では，Align とほぼ同じ働きをする AN-

[11] r 挿入だけに限って言えば，*CC ではなく，基底形にない要素が出力に現れてはならないとする忠実性制約 DEP を仮定してもよい。しかし，DEP を仮定してしまうと，3 人称所有形が接辞した際の出力候補として考えられる [ji.riŋ.-si] と [ji.ri.ŋ-i] のどちらにも違反マークがつかないことになるので，最適な候補が決まらなくなってしまう。一方で *CC であれば，[ji.ri**ŋ**.-**s**i] が音節末子音 [ŋ] を含むため，これが，適格でないと判定される。つまり，*CC を仮定しておけば，r 挿入と si~i の交替の両方を同じランキングで扱えるのである。

CHOR という忠実性制約を提案している（(298)）。これを採用し，(299) に示すランキングを仮定すれば，2 つの忠実性制約と，1 つの有標性制約により，音韻論的差異を捉えることができる。

(298) Anchor-R (ight) (stem, σ)
入力において語幹の最右端に存在する分節音は出力内では音節の最右端に位置していなければならない。

(299) Anchor-R (stem, σ) X >> *CC >> Anchor-R (stem, σ) Y, Z

(299) に示すランキングを仮定した場合の候補群の評価を下の (300) に示す。

(300) (299) に示すランキングでの候補群評価

		Anchor-R (stem, σ) X	*CC	Anchor-R (stem, σ) Y, Z
/biŋʃaŋ-Im/	☞ biŋ. ʃaŋ.-rim		**	
	biŋ. ʃi. ŋ-im	*! biŋ. ʃi. ŋ̲-im	*	
/biŋʃaŋ-si/	☞ biŋ. ʃaŋ. -si		**	
	biŋ. ʃi. ŋ-i	*! biŋ. ʃi. ŋ̲-i	*	
/jiriŋ-Im/	☞ ji. ri. ŋ-im			* ji. ri. ŋ̲-im
	ji. riŋ. -rim		*!	
/jiriŋ-si/	☞ ji. ri. ŋ-i			* ji. ri. ŋ̲-i
	ji. riŋ. -si		*!	

※ (297) 同様，/biŋʃaŋ/ は X に属し，/jiriŋ/ は Z に属すると仮定する。

しかし，Itô and Mester (1999) では，同じ指標をもった忠実性制約群はランキング上でも同じ位置にあると考えるので，(301) に示すように，語彙グループ X に対する Anchor と Faith は同じ位置に，語彙グループ Y，Z に対する Anchor と Faith は同じ位置にランキングしていることになる。しかし，このようなランキングでは問題が生じる。

(301) Anchor-R (stem, σ) X, Faith X >> *CC >> Anchor-R (stem, σ) Y, Z, Faith Y, Z

なぜなら，下の（302）に示すように，r 挿入がみられない語彙グループにおいても子音連続は認められるが，Faith Y, Z が *CC より下位の位置にあると，下の（303）に示すように，子音連続の全くない形式が最適と認められてしまうためである[12]。そのため，Anchor と Faith が同じ位置にあると考えることはできず，Faith は *CC の上位に位置すると考える必要が出てくる（(304)）。つまり実際の音声形を得るためには，(304）に示すように，Faith と Anchor が別々の位置にランキングしていなければならないが，そのようなランキングは Itô and Mester（1999）では認められていないのである。

（302）例：/ʤæjnæk/ “ひじ”[13]

a. 語幹-∅

ʤæ**jn**æk, *ʤæ**n**æk, *ʤæ**j**æk

b. 語幹-1.SG.POSS

ʤæjnik-im, *ʤæjnæk-rim

c. 語幹-PL

ʤæjnæ**k-l**ær, *ʤæjnæk-ær *ʤæjnæ-lær

（303）（301）に示すランキングを仮定した場合の候補群評価

		*CC	Anchor-R (stem, σ) Y, Z, Faith Y, Z
/ʤæjnæk/ /ʤæjnæk/ は Z に属する	ʤæj. næk	*!	
	☠ ʤæ. næk		*
/ʤæjnæk-lAr/	ʤæj. næk. -lær	**!	
	☠ ʤæj. næ. -lær	*	*

[12] この問題は，*CC という有標性制約を立てているために起こる問題であり，*CC 以外の制約を立てれば回避できるかもしれないが，現段階ではこれに代わる有標性制約として何が適切であるか明らかではない。

[13] /ʤæjnæk/ は（302b）に示すように r 挿入がみられない語彙なので語彙グループ Z（または Y）に属すると考えられる。また，/ʤæjnæk/ では，（302a）のように，語幹内で子音連続がみられる。また，（302c）のように子音始まりの接尾辞が接辞した際にも子音連続がみられる。

（304）FAITH Y, Z >> *CC >> ANCHOR-R（stem, σ）Y, Z というランキングでの候補群評価

		FAITH Y, Z	*CC	ANCHOR（STEM, σ）Y, Z
/ʤæjnæk/ /ʤæjnæk/ は Z に属する	☞ ʤæj. næk		*	
	ʤæ. næk	*!		
/ʤæjnæk-lAr/	☞ ʤæj. næk. -lær		**	
	ʤæj. næ. -lær	*!	*	*

したがって，Itô and Mester（1999）の考えでは r 挿入にみられる音韻論的差異をうまく捉えられないことになる。

参照文献

Aktürk-Drake, Mehmet (2010) Phonological and sociolinguistic factors in the integration of /l/ in Turkish in borrowings from Arabic and Swedish. *Turkic Languages* 14 (2): 153-191.

Altun, Hilal Oytun (2012) Türkiye Türkçesindeki Arapça Alıntı Kelimelerde Ünlü Uyumsuzlukları. *Selçuk Üniversitesi Türkiyat Araştırmaları Dergisi* 32: 55-71.

Anttila, Arto (1997) Deriving variation from grammar. In: Frans Hinskens, Roeland Van Hout, and W. Leo Wetzels (eds.) *Variation, Change and Phonological Theory*, 35-68. Amsterdam: John Benjamins.

Anttila, Arto (2000) Morphologically conditioned phonological alternations. ROA 425-1000, Rutgers Optimality Archive, http://roa.rutgers.edu/ [Retrieved June 2015].

Avery, Peter and Keren Rice (1989) Segment structure and coronal underspecification. *Phonology* 6 (2): 179-200.

Bakovic, Eric (2000) *Harmony, Dominance and Control*. Doctoral dissertation, Rutgers University.

Chomsky, Noam and Morris Halle (1968) *The sound pattern of English*. Cambridge: The MIT press.

Clements, George N. (1985) The geometry of phonological features. *Phonology* 2: 225-252.

Clements, George N. and Elizabeth V. Hume (1995) The Internal Organization of Speech Sounds. In: Goldsmith, John A. (ed.) *The Handbook of Phonological Theory*, 245-306. Cambridge: Blackwell.

Clements, George N. and Engin Sezer (1982) Vowel and Consonant Disharmony in Turkish. In: Harry van der Hulst and Norval Smith (eds.) *The Structure of phonological representations* 2, 213-255. Dordrecht: Foris.

Ewen, Colin J. and Harry van der Hulst (2001) *The phonological structure of words: an introduction*. Cambridge: Cambridge University Press.

Féry, Caroline (2003) Final devoicing and the stratification of the lexicon in German. In: Jeroen van de Weijer, Vincent J. van Heuven, and Harry van der Hulst (eds.) *The phonological spectrum* 1: *Segmental structure*, 145-169. Amsterdam: John Benjamins.

Fukazawa, Haruka (1998) Multiple input-output faithfulness relations in Japanese. ROA 260-0598, Rutgers Optimality Archive, http://roa.rutgers.edu/ [Retrieved June 2015].

Fukazawa, Haruka, Mafuyu Kitahara and Mitsuhiko Ota (1998) Lexical Stratification and Ranking Invariance in Constraint-based Grammars. In: M. Catherine Gruber, Derrick Higgins Kenneth S. Olson and Tamra Wysocki (eds.) *CLS 34: The Panels*, 47-62. Chicago: The Chicago Linguistic Society.

Gelbart, Ben (2005) Perception of Foreignness. Doctoral dissertation, University of Massachusetts, Amherst.

Gelbart, Ben and Shigeto Kawahara (2007) Lexical cues to foreignness in Japanese. In: Yoichi Miyamoto and Masao Ochi (eds.) *Proceedings of the Fourth Conference on Formal Approaches to Japanese Linguistics*, 49-60. Cambridge: MITWPL.

Göksel, Aslı and Celia Kerslake (2005) *Turkish: A Comprehensive grammar*. London: Routledge.

Hahn, Reinhard F. (1991) *Spoken Uyghur*, Seattle: University of Washington Press.

Hahn, Reinhard F. (1992) Modern uyghur *y~r*-insertion nativization through analogical extension. *Acta linguistica hafniensia* 24 (1): 77-96.

Hahn, Reinhard F. (1998) Uyghur. In: Lars Johanson and Éva Ágnes Csató (eds.) *The Turkic Languages*, 379-396. London: Routledge.

Harrison, David K. and Abigail Kaun (2001) Patterns, pervasive patterns and feature specification. In: T. Alan Hall (ed.) *Distinctive Feature Theory*, 211-236. Berlin: Mouton de Gruyter.

Hayasi, Tooru (2008) Nativization in the phonology of Chinese loanwords into Modern Uyghur. In: Sıla Ay et al. (eds.) *Essays on Turkish linguistics: Proceedings of the 14th International Conference on Turkish Linguistics*, 393-401. Wiesbaden, Germany: Harrassowitz Verlag.

Holden, Kyril (1976) Assimilation Rates of Borrowings and Phonological Productivity. *Language* 52 (1): 131-147.

Hualde, José (1988) Affricates are not contour segments. In: Hagit Borer (ed.) *Proceedings of WCCFL* 7, 143-157. Stanford: SLA.

Inkelas, Sharon and Cheryl Zoll (2007) Is grammar dependence real? A comparison between cophonological and indexed constraint approaches to morphologically conditioned phonology. *Linguistics* 45: 133-171.

Inkelas, Sharon, Orhan Orgun and Cheryl Zoll（1997）The Implications of Lexical Exceptions for the Nature of Grammar. In: Iggy Loca（ed.）*Derivations and Constraints in Phonology*, 393-418. Oxford: Oxford University Press.

Itô, Junko and Armin Mester（1995a）The Core-Periphery Structure of the Lexicon and Constraints of Reranking. In: Jill N. Beckman, Laura Walsh Dickey and Suzanne Urbanczyk（eds.）*Papers in Optimality Theory*, 181-210. Amherest: GSLA.

Itô, Junko and Armin Mester（1995b）Japanese phonology. In: John A. Goldsmith（ed.）*The handbook of phonological theory*, 817-838. Oxford: Blackwell.

Itô, Junko and Armin Mester（1999）The phonological lexicon. In: Natsuko Tsujimura（ed.）*The Handbook of Japanese Linguistics*, 62-100. Malden: Blackwell Publishers.

Itô, Junko and Armin Mester（2001）Covert generalizations in Optimality Theory: the role of stratal faithfulness constraints. *Studies in Phonetics, Phonology and Morphology* 7: 1378-1411.

Itô, Junko and Armin Mester（2003）*Japanese morphophonemics: markedness and word structure*. Cambridge: MIT Press.

Itô, Junko and Armin Mester（2008）Lexical Classes in Phonology. In: Shigeru Miyagawa and Mamoru Saito（eds.）*The Oxford Handbook of Japanese Linguistics*, 84-106. New York: Oxford University Press.

Kabak, Barış（2007）Hiatus resolution in Turkish: An underspecification account. *Lingua* 117: 1378-1411.

Kawahara Shigeto, Nishimura Kohei and Ono Hajime（2003）Unveiling the unmarkedness of Sino-Japanese. In: William McClure（ed.）*Japanese/Korean Linguistics* 12, 140-151. Stanford: CSLI.

Kiparsky, Paul（1968）How abstract is phonology? In: Osamu, Fujimura（ed.）*Three Dimensions of Linguistic Theory*, 5-56. Tokyo: TEC.

Kiparsky, Paul（1982）Lexical Morphology and Phonology. In: The Linguistics Society of Korea（ed.）*Linguistic in the morning calm*, 3-91. Seoul: Hanshin.

Kirchner, Robert（1993）Turkish vowel harmony and disharmony: An Optimality Theoretic account. ROA 4-1193, Rutgers Optimality Archive, http://roa.rutgers.edu/［Retrieved June 2015］.

Kubozono, Haruo（1997）Lexical Markedness and Variation: A Nonderivational Account of Japanese Compound Accent. In: Brian Agbayani and Sze-Wing Tang（eds.）*Proceedings of*

WCCFL 15, 273-289. Stanford: CSLI Publications.

Lahiri, Aditi (2000) Phonology: structure, representation, and process. In: L, Wheeldon (ed.) *Aspects of Language Production*, 165-225. East Sussex: Psychology Press.

Lee, Juhee (2006) On the Issue of the Stratified Phonological Lexicon and Optimality Theory. *Language Studies* 23 (2): 1-31.

Lees, Robert B. (1961) *The Phonology of Modern Standard Turkish*. Bloomington: Indiana University.

Levi, Susannah V. (2001) Glides, Laterals, and Turkish vowel harmony. In: Mary Andronis et al. (eds.) *CLS* 37: *The main Session* 1, 379-393. Chicago: Chicago Linguistic Society.

Lewis, Geoffrey (2000) *Turkish Grammars*. Second edition. New York: Oxford University Press.

Linda, Lombardi (2002) Coronal epenthesis and markedness. *Phonology* 19 (2): 219-251.

McCarthy, John J. and Alan Prince (1993) Generalized Alignment. In: Geert Booij and Jaap van Marle (eds.) *Yearbook of Morphology*, 79-153. Dordrecht: Kluwer Academic Publishers.

McCarthy, John J. and Alan Prince (1995) Faithfulness and Reduplicative Identity. *University of Massacusetts Occasional Papers in Linguistics* 18: 249-384.

McCawley, James D. (1968). *The phonological component of a grammar of Japanese*. The Hague: Mouton.

Moreton, Elliot and Shigeaki Amano (1999). The Effect of Lexical Stratum Phonotactics on the Perception of Japanese Vowel Length. *IEICE Technical Report* 99 (106): 1-8.

Nadzhip, Émir Nadzhipovich (1971) *Modern Uigur*. Moscow: Nauka.

Newman, John (1997) *Coursebook in Feature Geometry*. München: LINCOM EUROPA.

Nişanyan, Sevan (2002) *Sözlerin Soyağacı*. Istanbul: Everest.

Ota, Mitsuhiko (2004) The learnability of the stratified phonological lexicon. *Journal of Japanese Linguistics* 20 (4): 19-40.

Padgett, Jaye (1997) Partial class behavior and nasal place assimilation. In: Keiichiro, Suzuki and Dirk Elzinga (eds.) *Proceedings of the Southwest Optimality Theory Workshop*, 145-183. Tucson: University of Arizona.

Padgett, Jaye (2002) Feature classes in phonology. *Language* 78: 81-110.

Paradis, Carole and Jaen-François Prunet (1991) Introduction: Asymmetry and Visibility in Consonant Articulations. In: Carole Paradis and Jaen-François Prunet (eds.) *The Special*

Status of Coronals: Internal and External Evidence, 1-28. San Diego: Academic Press.

Pater, Joe（2000）Non-uniformity in English secondary stress: the role of ranked and lexically specific constraints. *Phonology* 17, 237-274.

Prince, Alan and Paul Smolensky（1993/2004）*Optimality Theory: Constraint Interaction in generative grammar*. Oxford: Blackwell.

Rice, Keren（1997）Japanese NC Clusters and the Redundancy of Postnasal Voicing. *Linguistic Inquiry* 28: 541-551.

Sagey, Elizabeth（1986）*The representation of features and relations in non-linear phonology*. Doctoral dissertation, MIT.

Schwarz, Henry G.（1992）*An Uyghur-English Dictionary*, Washington: Western Washington.

Türk dil kurumu. Büyük Türkçe Sözlük. http://www.tdk.gov.tr/index.php?option=com_bts [accessed June 2015].

Vaux, Bert（2001）Consonant insertion and hypercorrection. Paper presented at the 75th Annual Meeting of the Linguistic Society of America. Harvard University, 5 January 2001.

Yaqup, Abliz, Ghänizat Ghäyurani, Zayit Hewil, Isma'il Qadir, Hämdulla Abduraxman, Abliz Ämät and Perhat Nur（1990）. *Uyghur Tilining Izahliq Lughiti* 1, Millätlär Näshriyati, Beijing.

Yaqup, Abliz, Ghänizat Ghäyurani, Isma'il Qadir, Zayit Hewil, Hämdulla Abduraxman, Perhat Nur, Abliz Ämät and Äsqär Abduqadirn（1991）. *Uyghur Tilining Izahliq Lughiti* 2, Millätlär Näshriyati, Beijing.

Yaqup, Abliz, Ghänizat Ghäyurani, Isma'il Qadir, Hämdulla Abduraxman, Perhat Nur, Abliz Ämät, Äsqär Abduqadir, Abduzahir Tahir and Ablikim Rehimjan（1992）. *Uyghur Tilining Izahliq Lughiti* 3, Millätlär Näshriyati, Beijing.

Yaqup, Abliz, Ghänizat Ghäyurani, Isma'il Qadir, Hämdulla Abduraxman, Perhat Nur, Abliz Ämät, Abduzahir Tahir and Ablikim Rehimjan（1994）. *Uyghur Tilining Izahliq Lughiti* 4, Millätlär Näshriyati, Beijing.

Yaqup, Abliz, Ghänizat Ghäyurani, Isma'il Qadir, Hämdulla Abduraxman, Perhat Nur, Abliz Ämät, Äsqär Abduqadir, Abduzahir Tahir and Ablikim Rehimjan（1996）. *Uyghur Tilining Izahliq Lughiti* 5, Millätlär Näshriyati, Beijing.

Yaqup, Abliz, Ghänizat Ghäyurani, Hämdulla Abduraxman, Ismail Qadir, Perhat Nur, Abliz Ämät, Äsqär Abduqadir, Abduzahir Tahir and Ablikim Rehimjan（1998）. *Uyghur Tilining Izahliq Lughiti* 6, Millätlär Näshriyati, Beijing.

Wiese, Richard (1996) *The Phonology of German*. Oxford: Oxford University Press.
菊池清一郎（1999）「スペイン語語強勢とレキシコンの核・周縁構造」『日本語学会1999年度秋季大会予稿集』297-302.
窪薗晴夫（1995）『語形成と音韻構造』東京：くろしお出版.
窪薗晴夫（1999）『日本語の音声』東京：岩波書店.
栗林裕（2010）『チュルク語南西グループの構造と記述』東京：くろしお出版.
黒田成幸（1967）「促音及び撥音について」『言語研究』50: 85-99.
菅原純（2009）『現代ウイグル語小辞典』東京外国語大学アジア・アフリカ言語文化研究所：東京.
竹内和夫（1991）『現代ウイグル語四週間』東京：大学書林.
立石浩一（2002）「文法の一部としての語彙層の是非」『音声研究』6 (1): 34-43.
林徹（2009）「現代ウイグル語」梶茂樹・中島由美・林徹（編）『事典世界のことば141』232-235. 東京：大修館書店.

謝　辞

本書は筆者が2015年10月に九州大学大学院人文科学府に提出した博士論文に修正を加えたものである。本書の執筆にあたり，本当にたくさんの方々からご指導・ご協力をいただいた。この場を借りて感謝の意を表したい。

まずは，九州大学言語学研究室の先生方にお礼申し上げたい。指導教員でいらっしゃる久保智之先生からは，音声学や音韻論の知識だけでなく，言語学を行う上での心構えや物事の考え方など，非常に多くのことを学ばせていただいた。また，夜遅くまで筆者の学会発表資料や論文などに対して，熱心なご指導をしてくださったことは感謝に堪えない。坂本勉先生はフェルディナン・ド・ソシュールの同僚・学生がまとめた『一般言語学講義』を読み進めるという授業を開講されていた。そこで通時態と共時態の区別について議論した際に，借用語と固有語の音韻論的差異について考えさせられたことが，本書の執筆につながっている。おそらく，受講していなければ本書は執筆できなかったであろう。坂本先生は2014年7月にご逝去され，感謝の意を直接お伝えできなかったのは残念でならない。稲田俊明先生（現長崎大学），上山あゆみ先生からは，統語論や意味論に関する知識だけでなく，理論言語学に取り組む上での知識や考え方を学ばせていただいた。また，下地理則先生からは，記述言語学，及び言語類型論的研究を行う上での技術や考え方などを学ばせていただいた。

他講座，他大学の先生方にもお世話になった。九州大学大学院国語学・国文学講座の高山倫明先生には，筆者の在学中の副指導教員としてお世話になった。東京大学の林徹先生には，研究会などで様々なコメントやご指導をいただいた。ノースキャロライナ大学のJennifer L. Smith先生は，2015年に集中講義を九州大学で開講され，最適性理論に関する講義を行われた。そこで得た知識が，本書の補遺に反映されている。また，筆者にトルコ語を教えてくださった，勝田茂先生，大澤孝先生，藤家洋昭先生，Toplamaoğlu A. Kâmil先生，ならびに先輩の吉村大樹氏にも感謝申し上げたい。特に，藤家先生と吉村氏は筆者に九州大学大学院への入学を薦めてくださった。ここにお礼申し上げたい。

コンサルタントの方々にも感謝申し上げたい。本書のコンサルタントである，Y. Y. 氏，A. B. 氏，Ä. Ä. 氏，M. M. 氏，Ö. Ä. 氏に，そして，これまでの筆者の研究に協力してくださった多くのトルコ語母語話者，現代ウイグル語母語話者の方々にお礼申し上げたい。何度も同じことを確認したり，変わった質問をしたりしても，嫌な顔一つせず，真剣に協力していただいたコンサルタントの方々の優しさには何度も救われた。

九州大学言語学研究室の諸先輩方，後輩，研究員の方々には，様々な面においてご支援いただいた。学術振興会特別研究員として九州大学に来られていた児倉徳和氏からは，調査をとおしてどのようにして仮説の検証を行うかなど，多くのことを学んだ。高井岩生氏は専門とされている分野が違うにもかかわらず，筆者の研究の話を聞いてくださり，それに対して多くの助言をしてくださった。また，博士論文の提出においては，特に佐藤久美子氏，吉田麻衣子氏両先輩にお世話になった。このほかにも，ここに名前を挙げきることができないほど多くの先輩方，後輩たちに巡り合い，共に学ぶことができたのはとても幸運なことであった。ここにお礼申し上げる。

また，本書は九州大学出版会の学術図書刊行助成を受けて出版されたものである。出版にあたり，九州大学出版会の方々には多くの協力をしていただいた。特に奥野有希氏には原稿の構成など，様々な面で支援していただいたことをここに記しておきたい。また，本書の原稿を査読していただいた 2 名の匿名査読者の方々にもこの場を借りて感謝申し上げる。

最後に，大学院進学を支え，応援し続けてくれた家族にお礼を申し上げたい。父，母，姉，祖父母は，筆者の執筆を応援してくれた。心より感謝したい。

なお，本書における不備・誤り等は，無論，筆者の責任である。

2017 年 7 月 17 日

菅沼健太郎

索　引

な行

は行

ま行

や行

ら行

アルファベット

著者紹介

菅沼 健太郎（すがぬま　けんたろう）

1987 年 1 月　秋田県生まれ
2010 年 3 月　大阪大学外国語学部トルコ語学科　卒業
2012 年 3 月　九州大学大学院人文科学府言語学専攻修士課程　修了
2015 年 9 月　同博士課程　単位取得退学
同年　12 月　九州大学大学院　博士号（文学）取得
現　　　在　九州大学大学院人文科学研究院付属言語運用総合研究センター
　　　　　　専門研究員

トルコ語と現代ウイグル語の音韻レキシコン

2017 年 9 月 15 日　初版発行

著　者　菅沼　健太郎

発行者　五十川　直行

発行所　一般財団法人 九州大学出版会
〒814-0001　福岡市早良区百道浜 3-8-34
九州大学産学官連携イノベーションプラザ 305
電話　092-833-9150
URL　http://kup.or.jp
印刷／城島印刷㈱　製本／篠原製本㈱

ISBN 978-4-7985-0217-5

九州大学出版会・学術図書刊行助成

九州大学出版会は，1975 年に九州・中国・沖縄の国公私立大学が加盟する共同学術出版会として創立されて以来，大学所属の研究者等の研究成果発表を支援し，優良かつ高度な学術図書等を出版することにより，学術の振興及び文化の発展に寄与すべく，活動を続けて参りました。

この間，出版文化を取り巻く内外の環境は大きく様変わりし，インターネットの普及や電子書籍の登場等，新たな出版，研究成果発表のかたちが模索される一方，学術出版に対する公的助成が縮小するなど，専門的な学術図書の出版が困難な状況が生じております。

この時節にあたり，本会は，加盟各大学からの拠出金を原資とし，2009 年に「九州大学出版会・学術図書刊行助成」制度を創設いたしました。この制度は，加盟各大学における未刊行の研究成果のうち，学術的価値が高く独創的なものに対し，その刊行を助成することにより，研究成果を広く社会に還元し，学術の発展に資することを目的としております。

第1回 道化師ツァラトゥストラの黙示録　／細川亮一（九州大学）
中世盛期西フランスにおける都市と王権　／大宅明美（九州産業大学）

第2回 弥生時代の青銅器生産体制　／田尻義了（九州大学）
沖縄の社会構造と意識 — 沖縄総合社会調査による分析 —　／安藤由美・鈴木規之編著（ともに琉球大学）

第3回 漱石とカントの反転光学 — 行人・道草・明暗双双 —　／望月俊孝（福岡女子大学）

第4回 フィヒテの社会哲学　／清水満（北九州市立大学学位論文）

第5回 近代文学の橋 — 風景描写における隠喩的解釈の可能性 —　／ダニエル・ストラック（北九州市立大学）
知覚・言語・存在 — メルロ=ポンティ哲学との対話 —　／円谷裕二（九州大学）

第6回　デモクラシーという作法　　／神原ゆうこ（北九州市立大学）
　　　　— スロヴァキア村落における体制転換後の民族誌 —

第7回　魯迅 — 野草と雑草 —　　／秋吉　收（九州大学）

第8回　トルコ語と現代ウイグル語の音韻レキシコン
　　　　／菅沼健太郎（九州大学）

＊詳細については本会 Web サイト（http://kup.or.jp/）をご覧ください。
（執筆者の所属は助成決定時のもの）